ANN-KATRIN BERGER

DAS SPIEL MEINES LEBENS

ANN-KATRIN
BERGER

DAS SPIEL MEINES LEBENS

Wie ich den Krebs besiegte und Deutschlands beste Torhüterin wurde

riva

Bibliografische Information der Deutschen Nationalbibliothek
Die Deutsche Nationalbibliothek verzeichnet diese Publikation in der Deutschen Nationalbibliografie. Detaillierte bibliografische Daten sind im Internet über https://dnb.de abrufbar.

Für Fragen und Anregungen
info@m-vg.de

Wichtiger Hinweis
Ausschließlich zum Zweck der besseren Lesbarkeit wurde auf eine genderspezifische Schreibweise sowie eine Mehrfachbezeichnung verzichtet. Alle personenbezogenen Bezeichnungen sind somit geschlechtsneutral zu verstehen.

Originalausgabe
3. Auflage 2026

Türkenstraße 89
80799 München
Tel.: 089 651285-0

Redaktion: Iris Rinser
Umschlaggestaltung: Sabrina Pronold
Umschlagabbildung: picture alliance / HMB Media | Steffie Wunderl
Satz: Kerstin Stein
Druck: ScandBook, Litauen
Printed in the EU

ISBN Print 978-3-7423-2918-9
ISBN E-Book (EPUB, Mobi) 978-3-7453-2682-6

Weitere Informationen zum Verlag finden Sie unter
www.rivaverlag.de
Beachten Sie auch unsere weiteren Verlage unter www.m-vg.de

Für meine Familie und alle Menschen, die mir am Herzen liegen und mich in jedem Kapitel meines Lebens bestärkt und unterstützt haben

INHALT

PROLOG

Es ist das Olympia-Viertelfinale gegen Kanada 2024, ich stehe im Tor der deutschen Frauen-Fußballnationalmannschaft. Über mir schwingt sich der Dachbogen des Stade Vélodrome in Marseille wie eine riesige La-Ola-Welle. Darunter ein Meer bunter Punkte auf den Rängen: wogende Kappen, Shirts, Jacken, Schals ... gedämpfte Musik mischt sich mit Gemurmel und Pfiffen, wenn eine Spielerin nach vorn geht, unterbrochen von frenetischem Jubel, wenn der Ball ins Netz fliegt, oder einem erstaunten Aufschrei, wenn er es nicht tut.

In den nächsten Minuten entscheidet sich, ob wir ins Halbfinale einziehen oder nach Hause fahren, im Elfmeterschießen, nach einem 0:0 nach Nachspielzeit. Über 120 Minuten habe ich meinen 16er sauber gehalten, wie Mama es mir seit Jahren eingebläut hat: »Das ist dein Reich, der Kasten hinter dir bis zur weißen Linie vor dir. Hier hat niemand sonst was verloren.« Auch kein Ball. Erst recht kein Ball.

Nun sind zwei Elfmeter der Kanadierinnen im Netz gelandet, der eine ungebremst, der andere, nachdem ich die

Hände schon drangehabt habe, er mir unterm Körper aber doch noch durchgerutscht ist.

»Halt die Bälle doch auch mal fest«, hat Nationaltrainer Horst Hrubesch mich danach aufgezogen, und ich konterte, dass ich dann selber ja nicht mehr hätte schießen dürfen. Ich liebe Elfmeterschießen, ich empfinde keinen Druck dabei, sondern genieße jeden Moment. Auch diesen.

Wer mich gut kennt, kann das jetzt auch zu Hause auf dem Bildschirm sehen: ob ich müde bin und meine Bewegungen langsamer werden, ob ich wütend bin und mir mit der Faust in die Handfläche schlage ... oder ob ich angespannt bin. Dann bildet sich eine kleine Falte auf meiner Stirn, zwischen den Augen. Jetzt bin ich nicht angespannt, meine Schultern sind locker, die Arme baumeln seitlich, die Knie federn, ein Bein ist leicht nach vorn gestellt. Fast so, als würde ich ein paar Kinder auf dem Bolzplatz beobachten. Dabei habe ich gerade den Ball auf den Elfmeterpunkt gelegt, wie früher, als ich noch im Sturm gespielt habe. Es ist der Elfmeter, der das Spiel entscheiden kann.

Warum sollte ich nervös sein, warum verzichten? Das hier will ich machen, und Nationaltrainer Horst Hrubesch will auch, dass ich es mache: »Wer Anne kennt, weiß, dass sie schießen kann«, hat er vor versammelter Mannschaft gesagt. Er hat mich von Anfang an auf dem Zettel. Wir mögen uns, necken uns oft. Ich fühle mich wohl mit ihm als Coach, verstanden und sicher in dem, was ich tue, wie ich es tue.

Als die Schiedsrichterin vor wenigen Augenblicken fragte: »Wer kommt denn jetzt?«, dachte ich nur *Ach, das werde dann wohl ich sein* und ging nach vorn. Als ich nun *vor* dem Tor stehe, statt *darin*, bin ich ruhig. So wie man ruhig ist vor einem Vortrag, den man in- und auswendig kennt.

Elfmeterschießen habe ich immer wieder im Training geübt. Auf das leere Tor oder mit meinen Torwart-Kolleginnen.

Just for fun. Linke Ecke oben, rechte unten und umgekehrt von vorn. In Amerika trainieren die Basketballer Freiwürfe wohl mit zugeschaltetem Lärm und Zuschauerprojektionen auf den Rängen, um die reale Situation zu simulieren. Bei mir wäre das verschenkt, denn alles, was um mich herum passiert, nehme ich im Spiel kaum wahr. Erst recht nicht beim Elfmeterschießen.

Den Kopf muss man bei so was ausschalten, der stört nur. Aber auf den Körper muss man sehr genau achten: Wie öffne ich meine Hüften, wie schließe ich sie, wie kann ich Kraft produzieren, um den Ball präzise in die Ecken zu schieben? Im Gegensatz zu den muskulöseren Männern, die ihre Schusskraft aus den Oberschenkeln oder sogar aus den Waden holen können und deshalb schwerer zu lesen sind, brauchen Frauen ihr gesamtes Körpergewicht, um die Kraft aufzubauen für einen Schuss aufs Tor. Das bedeutet, der ganze Körper verlagert sich nach links oder rechts, und wer im Tor aufmerksam ist, der kann erkennen, wohin der Ball vermutlich gehen wird. Als Torhüterin habe ich viele Spielerinnen Strafstöße, Eckbälle und Elfmeter schießen sehen. Ich weiß, worauf ich achten würde, stünde ich jetzt anstelle der Kanadierin im Tor. Deshalb passe ich nun auf, diese Körpersignale bei meinem eigenen Schuss zu vermeiden. Ihr keine Hinweise zu geben. Als »kaltschnäuzig« wird unsere Kapitänin Alexandra Popp meinen Elfmeter später in einem Interview mit dem ZDF bewundern. Für mich ist es nur logisch, den Spieß umzudrehen. Mittlerweile hat jede Torhüterin, jeder Torhüter einen Zettel auf der Trinkflasche kleben mit Notizen, wer wie schießt. Jeder hat sich vorher mal ein Video angeguckt. Feldspieler sind zu einem gewissen Grad elfmetertransparent.

Die Torhüterin selbst ist hier dagegen meist ein blinder Fleck. Sie schießt nicht, sie hält Elfmeter. Oder lässt sie rein. Stehe ich im Tor, versuche ich, in dem Moment, in dem der Schuss fällt, nicht daran zu denken, was ich vorher gesehen oder notiert habe. Ich will mich nicht von Annahmen zu Fehlern verleiten lassen. Ich will instinktiv handeln – und jetzt will ich die kanadische Nationaltorhüterin dazu bringen, zu reagieren. Nicht falsch, aber zu früh. Zu meinen Gunsten.

Ich gehe tiefer in meinen mentalen Tunnel, blende das Stadion aus, die Leute um mich herum, und sehe nur die Torhüterin vor mir, während ich auf das Signal der Schiedsrichterin warte.

Ich bin wie der Schiffsmast in einem Unwetter, blitzt ein Mantra aus meiner Kindheit kurz durch meinen Kopf.

Ich presse die Lippen zu einem schmalen Strich zusammen, halte den Blick der anderen so lange wie nur irgend möglich und hoffe auf ein Zucken; darauf, dass sie nervös wird und sich zu früh bewegt. Dann nämlich weiß ich, wo sie hinwill. Dann habe ich freie Bahn auf der Seite, von der sie sich wegbewegt.

Und da ist es, das Zucken! Ihr Körpergewicht verlagert sich, ganz leicht nur, als habe der Rasen unter ihr ein klein wenig nachgegeben. Ich mache ein paar schnelle Schritte und ziehe das Bein durch, ziele auf die Torhälfte, von der ich vermute, dass sie ungeschützt sein wird. Ansonsten lasse ich wie automatisiert den Prozess ablaufen, den ich im Training so oft geübt habe.

Das heißt in diesem Fall: Die Kanadierin bewegt sich nach links, also muss ich den Ball rechts reinschieben. Es fühlt sich fast an wie mit den Kolleginnen im Training. Ich spüre meinen Körper. Ich weiß, mit welcher Seite ich mehr Power produzieren kann, und ich weiß, wie ich sie einsetze, um den Ball ins Tor zu heben. Vorbei an der Torhüterin, die zu früh dran ist.

Meine Rechnung geht auf. Der Ball fliegt ins Netz. Mein vielleicht wichtigster Ball bisher. Zumindest einer, der einiges für mich ändern wird: die Rechtfertigung meiner Position als sehr kurzfristig berufene Nummer eins der Nationalmannschaft und eine größere öffentliche Sichtbarkeit – obwohl nichts davon mein Ziel war.

Wer hätte gedacht, dass mich ein geschossener Ball bekannter machen würde als ein gehaltener? Gut fühlt es sich trotzdem an. Jubel bricht los auf den Rängen, ich breite die Arme aus, renne, springe hoch, lache. Die deutschen Spielerinnen stürzen sich auf mich, wir bilden einen pulsierenden menschlichen Ball, ineinander verschlungen, miteinander verbunden in jeder Hinsicht. Es wird umarmt, gelacht, gefeiert. Halbfinale bei Olympia!

KAPITEL 1

DER SCHIFFSMAST IM STURM

Es ist dunkel im Raum. Nur unter der Tür schiebt sich ein schmaler Streifen Licht hindurch, und zwischen den heruntergeklappten Lamellen der Jalousien schimmert matt die Sonne. Nicht, dass ich das sehen könnte. Ich liege auf einer Isomatte, die Augen geschlossen, und versuche, mich zu entspannen. Hände, Arme, Beine, meinen ganzen Körper.

»Wer sich locker macht, wird stabil. Denn ein entspannter Körper ist ein schwerer Körper«, erzählt eine rauchige Stimme, die ruhig und fest klingt; da spricht jemand, der schon viel erlebt hat und diese Weisheit weitergibt. Ganz sicher. Das Band der Kassette, von der die Stimme kommt, knistert manchmal leise. Wie ein Bonbonpapier, das man zerknüllt.

Ich konzentriere mich aufs Lockermachen, aufs Stabilsein. Denn ich bin ein Schiffsmast, sagt die weise Stimme. Noch sind die Wellen, die mein Schiff umspülen, sanft. Aber sie werden stärker und stärker. Hoch und wild toben sie um den Rumpf. Ich stehe in der Mitte des Decks, ich muss das Schiff in Balance halten und ruhig bleiben, auch wenn Gewitter und Sturm gegen den Holzkorpus prallen. Früher bin ich trotz Unwetters an dieser Stelle der Geschichte oft schon eingeschlafen. Nun öffne ich nach 45 Minuten, als der Sturm vorbeigezogen ist, die Augen und verwandle mich vom kräftigen Schiffsmast zurück zu Ann-Katrin. Sechs Jahre alt. Tochter. Schwester. Schulkind. Und viel zu rastlos, selbst für mein junges Alter.

War meine überbordende Energie für meine Eltern zu Kindergartenzeiten lediglich anstrengend gewesen – und vielleicht etwas nervig –, wurde sie in der Grundschule zum Problem. Ich konnte einfach nicht stillsitzen und mich konzentrieren.

Auf Anraten meines Opas, der eine Zeit lang als Psychologe gearbeitet hatte, brachte mich meine Mutter zu einem Kinderpsychologen. Der schaute mich an wie einen seltenen Schmetterling. Er stellte mir ein paar Fragen, von denen ich heute nicht mehr weiß, wie sie lauteten oder was ich darauf antwortete, weil ich viel lieber um seinen großen Schreibtisch herumgerannt wäre. Dann wollte er ein paar Dinge von meiner Mutter wissen und am Ende diagnostizierte er ADHS: Aufmerksamkeitsdefizit-/Hyperaktivitätsstörung.

»Du bist ein Zappelphilipp«, übersetzte meine Mutter – und das traf es ziemlich genau. Stundenlang konnte ich draußen herumtoben, einen Plastikball am Fuß, der aussah wie ein übergewichtiger Marienkäfer, und trotzdem war ich abends nicht müde genug, um zu schlafen. Oder um mich länger als zwei Minuten mit meinen Hausaufgaben zu beschäftigen.

Er würde dazu raten, es mit Medikamenten zu versuchen, führte der Kinderpsychologe aus. Doch in meiner Familie galten Arzneimittel als allerletzte Option, egal ob es sich dabei um Kopfschmerztabletten, Schnupfenspray oder Antibiotika handelte. Ihrem Küken, zehn beziehungsweise zwölf Jahre jünger als die großen Schwestern, regelmäßig ein starkes Stimulans zu verabreichen, kam für meine Mutter nicht infrage. Das teilte sie dem Psychologen sehr nachdrücklich mit. Und so landete ich bei der Alternative: im abgedunkelten Raum auf einer Isomatte, beim Autogenen Training für Kinder.

Einmal pro Woche wurde ich vom hyperaktiven Flummi zum Schiffsmast, der sich locker machte, um stabil zu stehen. Ich lernte, dass es nicht unbedingt langweilig ist, konzentriert bei einer Sache zu bleiben, und dass man seine Gedanken lenken kann. Die Geschichte, zu der ich zunächst oft weggedöst war, zog mich immer mehr in ihren Bann. Immer besser schaffte ich es, mir vorzustellen, wie der Sturm an den Segeln rüttelte, wie das Schiff schaukelte und die Wellen immer größer wurden. Es gefiel mir, dass ich ein riesiges Schiff retten konnte, indem ich einfach da war und nicht einknickte.

Als der Entspannungs-Kurs abgeschlossen war, bekamen alle eine Kassette mit nach Hause. Manchmal schaltete mir meine Mutter die Geschichte abends im Bett ein; um mich herunterzufahren, wenn am nächsten Tag ein Test in der Schule anstand, zum Beispiel. Dann lag ich oben in meinem Stockbett, eingekuschelt in Bettwäsche, die immer ein bisschen nach Waschpulver roch, und hörte der ruhigen Sprecherstimme zu. Meinen Marienkäferball an die Brust gepresst, wenn der vom Spielen auf der Straße nicht zu dreckig war.

Später hörte ich keine Kassetten mehr, sondern von meiner Schwester geliehene oder von Freunden gebrannte CDs, weil ich mein Taschengeld lieber für Bälle oder Spielzeugautos ausgab. Oder es lief Papas Musik: bestenfalls Queen, im Normalfall ABBA, manchmal auch Wolfgang Petry, wenn Papa mich ein bisschen ärgern wollte.

Das Band mit der Schiff-Geschichte gibt es nicht mehr. Wahrscheinlich ist es bei einem Umzug verloren gegangen oder bei einer Ausmistaktion entsorgt worden. Vergessen habe ich das Bild vom Mast, vom Schiff und dem Sturm aber bis heute nicht. Die Übung, mich locker zu machen, um stabil zu werden, hat eine große Rolle dabei gespielt, wie ich mein Leben heute lebe.

In Medienberichten über mich heißt es oft, ich habe »ein Kämpferherz«, ich habe den »Kampf aufnehmen müssen« oder Kämpfen sei das, was ich am besten könne«. Besonders als meine Krebserkrankung publik wurde, war das das Narrativ. Aber ich kämpfe nicht. Im Gegenteil: Wenn das Leben mir etwas hinwirft, dann schaue ich mir das an, entspanne mich und reite die Welle, die da kommt. Egal wie groß sie ist. Egal wie unerwartet sie anrollt. Ich bin Ann-Katrin. 35 Jahre. Fußballprofi. Krebsbesiegerin. Serienfan. Und für viele meiner Freunde fast schon zu gelassen für mein Alter.

KAPITEL 2

MARIENKÄFER FANGEN

Mein erstes Tor war der Durchgang von unserer Küche in den Garten. Eine eckige einflügelige Tür mit weißem Kunststoffrahmen in einem eckigen cremefarbenen Haus in einer ruhigen Seitenstraße, die so klein war, dass es nicht einmal einen Gehweg gab. Wir wohnten in einer von acht exakt gleich gebauten Doppelhaushälften, die sich nur durch die Fassadenfarbe unterschieden. Aber ich wohnte gern dort. So austauschbar das Haus von außen war, so persönlich war es innen. Überall Familienfotos, Pokale und Medaillen von meinen beiden Schwestern und mir, zerlesene Bücher, geliebte CDs, verstreute Spielsachen. Unser Haus stand in Eislingen, einer Kreisstadt mit dörflichem Charakter und ein paar verstreuten Fachwerkhäusern im Landkreis Göppingen, Baden-Württemberg. Rund 22 500 Menschen leben hier, in diesem Städtchen im Filstal, um das sich Berge, Hügel, Wälder, Äcker und Streuobstwiesen reihen. 2002 wurden bei Bauarbeiten auf der Umgehungsstraße B10 Fischsaurierskelette gefunden, der sogenannte »Eislinger Saurierfriedhof«. Es gibt ein Stadtfest mit Konzerten und einem Poetry Slam und einen 50 mal 90 Meter großen Rasenplatz, der zum KSG Eislingen e. V. gehört. Meinem ersten Fußballverein.

Ich war das jüngste von drei Mädchen, meine Schwester Kerstin ist zehn Jahre älter als ich, eine sehr gute Tischtennisspielerin, die unter der Woche eine Schule für Hörgeschädigte mit Internat besuchte und sich am Wochenende mit mir Zimmer und Stockbett teilte. Nicole, zwölf Jahre älter, machte Leichtathletik und wohnte im »Großenzimmer« unter dem Dach. Mama hatte früher Kampfsport betrieben, ging inzwischen noch ab und zu kegeln, war aber ansonsten mit uns Kindern, ihrem Job in der Kühlabteilung eines Supermarkts und später im Büro auch so gut ausgelastet. Mein Vater arbeitete als Elektriker und war von Montag bis Freitag auswärts auf Montage. Am Wochenende fand man ihn auf dem Fußballplatz oder am Grill im Garten hinter unserem Haus, dem einzigen Ort auf unserem Grundstück, wo nie ein Ball herumkullerte. Der Garten war tabu, Mama hatte, nicht ganz unberechtigt, Angst um ihre Blumen, die sie mit viel Hingabe pflanzte und pflegte.

Die Ballgrenze markierte die Schwelle der Terrassentür, und dort saß ich auch an einem Tag im Jahr 1993, einem sonnigen Vormittag, der die üppigen Blütenstauden in unserem Garten mit seinem goldenen Licht kitzelte. Vögel zwitscherten, ein paar Schmetterlinge flatterten träge zwischen den weißen und lilafarbenen Fliederblüten herum. Hummeln brummten um duftende Rosen. Aber das einzige Insekt, das mich, gerade zweieinhalb geworden, interessierte, war mein Marienkäferball.

Mit ihm hockte ich in der geöffneten Tür, die warme Sonne im Rücken, ließ ihn rollen oder auf dem hellen Laminatboden aufprallen. Mama stand an der Anrichte, ein paar Schritte weiter, und werkelte vor sich hin. Sie machte Mittagessen für mich und meine älteste Schwester Nicole, die damals 15 war und bald aus der Schule kommen würde. Mama war froh, dass ich beschäftigt war und sie in Ruhe kochen konnte. Bälle funktionierten bei mir immer, auch ohne Mitspieler.

Einmal musste meine Mutter aber doch in Aktion treten: Als ich den dicken Marienkäfer etwas zu heftig aufprallen ließ, spickte er vom Boden ab, kullerte durch den Raum und dippte gegen ihren Knöchel. Umgehend streckte ich meine Ärmchen aus und beschied ihr: »Haben!«

Mama wischte sich die Hände an einem Spültuch ab, bückte sich nach dem Ball und warf ihn mir sanft zurück, in der Erwartung, dass er sachte an meinen Händen abprallen und irgendwo in meiner Nähe zum Liegen kommen würde. Aber ich fing ihn. Als wäre es das Natürlichste der Welt, schlossen sich meine Fingerchen sicher um den runden Käfer. Kurz war Mama irritiert: Das musste ein Zufall gewesen sein. Oder?

Neugierig geworden, nahm sie mir den Ball erneut aus den Händen, ignorierte meinen Protest – »Nein, Mama, meins!« –, entfernte sich ein paar Schritte und warf ihn mir ein zweites Mal in flachem Bogen zu. Meine Augen waren wie hypnotisiert auf das Spielzeug geheftet. Der Ball flog ... und ich fing ihn wieder. Als ob ich nie etwas anderes gemacht hätte.

Seitdem habe ich viele Bälle gehalten, solche in Insektenoptik aus Plastik ebenso wie klassisch schwarz-weiß gefleckte aus Kunstleder oder solche mit bunten Logos von großen Turnieren. »Sie kann einfach mit dem Ball umgehen«, sagt meine Mutter heute noch aus Überzeugung. Aber das ist nur ein Teil der Wahrheit.

Natürlich braucht man ein gewisses Talent im Profifußball. Aber Talent verleitet auch dazu, dass man sich darauf ausruht. Wenn ich im Tor stehe, bin ich glücklich. Es ist mein *Happy Place*; ein Ort, an dem ich ganz bei mir bin. Was für manche ein Strandkorb an der Ostsee ist und für andere der Blick von einem Berggipfel, waren für mich schon früh die drei Balken, das Netz und die weißen Linien auf dem Rasen. Mich auf den Boden zu werfen, hin- und herzuspringen, um den Ball zu halten, Grasflecken auf die Hose und schmutzige Knie zu bekommen, fand ich bereits als junges Mädchen toll – und ein bisschen draufgängerisch. Genau das Gegenteil des schüchternen Teenagers, der ich war. Vielleicht zog mich auch deshalb das Tor magisch an.

Es sollte jedoch knapp zwei Jahrzehnte dauern, bis es meine feste Position wurde, mit all ihren Besonderheiten und Herausforderungen – und da begann das Lernen erst so richtig. Seit ich 17 bin, darf ich mittlerweile jeden Tag an diesen Ort zurückkehren und weiterlernen. Torhüterin ist mein Beruf, ich kann davon leben, Bälle zu fangen. Dieses Privileg und das Gefühl von Verbundenheit und Angekommensein, das ich nur in meinem 16er habe, möchte ich mir bewahren, solange es geht. Deshalb tue ich alles dafür, die beste Torhüterin zu sein, die ich sein kann. Denn nur dann werde ich aufgestellt und darf spielen.

Zu meinem Anspruch an die beste Version meiner selbst im Tor gehört auch, den Ball halten, nicht nur parieren zu wollen. Saubere Hände haben heißt das, im Sinne von technisch perfekt, mit sauberem Griff fangen. Halte ich den Ball, habe ich die Kontrolle über das Spiel, wenigstens für einen kurzen Moment. Das Match ist unterbrochen, der Ball sicher bei mir und die Torgefahr erst einmal gebannt. Ich muss mich nicht schnell wieder aufrappeln, mich orientieren und bekomme vielleicht doch noch einen Folgeschuss rein. Den Ball zu halten, ist für mich, wie einen Punkt in einem Text zu setzen. Ein kurzer Stopp, ein schnelles Luftholen, bevor es weitergeht; und eine ernste Angelegenheit für mich.

Seit das Tor mein fester Arbeitsplatz ist, führe ich Strichlisten, wie viele Bälle ich bei meinen Spielen jeweils durchgelassen habe. Null ist immer das Saisonziel. Kein realistisches, aber ein motivierendes. Denn jedes verhinderte Tor bringt mich diesem Ziel einen Schritt näher.

Die Statistik, die sich aus dieser Strichliste ergibt, lege ich am Saisonende als Messlatte an. In der nächsten Saison gilt es, die Gesamtsumme an Toren zu unterbieten. Diese konkrete Zahl hilft mir, mit jedem Anpfiff schmerzende, müde Muskeln zu vergessen, Jetlags zu überspielen und jeden gehaltenen Ball als das anzuerkennen, was er ist: ein Erfolg. Ein gewonnener Zweikampf. Ein Beleg dafür, dass ich zu Recht dort bin, wo ich bin. Selbst wenn wir am Ende nicht als Sieger vom Platz gehen.

KAPITEL 3

DER PAPATRICK

Dass meine Fußballkarriere nicht an der heimischen Terrassentür endete, habe ich meinem Vater zu verdanken. Er war ein glühender Fußballfan, wusste die Vereinswechsel sämtlicher Bundesliga-Spieler der vergangenen zehn Jahre auswendig und engagierte sich ehrenamtlich im örtlichen Sportverein, der KSG Eislingen, unter anderem als Spieler in der Kreisligamannschaft, ungelernter Team-Physio und Jugendwart. In letzterer Funktion gründete er zusammen mit dem Fußballvorstand des Vereins 1994 eine Bambini-Gruppe. Die bestand aus zwei Handvoll Jungs aus dem Ort und mir. Inzwischen, mit stolzen vier Jahren, konnte ich nämlich nicht nur Bälle fangen, sondern sie auch mit dem Fuß wegkicken. Das hatte Mama mit mir geübt und reichte aus, um mich für die Mannschaft zu qualifizieren. Wobei es »Mannschaft« nicht ganz trifft.

Ein Einlaufmädchen hat kürzlich vor einem Match auf meine Frage nach ihrer Position geantwortet: »Keine. Wir spielen überall!«, und bei unseren Bambinis war es ganz genauso: Niemand hatte eine zugewiesene Aufgabe. Alle sprangen über den Platz, als hätte jemand ein Bällebad ausgekippt, kickten aufs Tor, im Dreieck oder ins Leere. Keiner hörte dem Coach lange zu, vor allem ich nicht, der Zappelphilipp. Es war herrlich! Ich durfte rennen, gegen Bälle treten und wurde dafür auch noch gelobt. Das Beste aber war: Auf dem Fußballplatz gehörte Papa mir.

Egal wie voll das Wochenende war, er nahm mich immer mit auf den Platz und begleitete mich später auf fast jedes meiner Spiele. Der Fußball, so fand ich schnell heraus, war ein Trick, um ihn zumindest für ein paar Stunden ganz für mich zu haben. Denn auch wenn sich Mama regelmäßig und meine Schwestern sporadisch KSG-Spiele ansahen, interessierten sie sich nicht wirklich für den Sport. Wohl aber für Papa, auf den alle unter der Woche verzichten mussten, und am Wochenende deshalb ihren »Anteil« an ihm beanspruchten.

Der Fußball war mein Ankerpunkt, eine Verbindung zu Papa, die sonst keiner in der Familie hatte. Meine Exklusivzeit, die ich den meist vollen Wochenenden abtrotzte. Also spielte ich. Für ihn, für mich. Für unsere Beziehung. Es war eine ganz natürliche Motivation. Und für mich ein großer Spaß.

Zu Auswärtsspielen schaukelten wir in seinem Auto, mit offenem Fenster, Queen und ABBA im Radio. Manchmal gab er mir nach dem Match Tipps, was ich anders hätte machen können. Meistens schwiegen wir. Aber gerade das fand ich schön. Es fühlte sich vertraut an.

Bei Heimspielen brach Papa immer schon am späten Vormittag zum nur zehn Gehminuten entfernten Vereinsgelände auf. Es war seine Aufgabe, zu kontrollieren, ob für die Matches am Nachmittag alles einsatzbereit war: Kabinen, Ausrüstung und Technik – eine Tafel, auf die per Hand die Spielstände gehängt wurden. Gegen zwölf, wenn ich mit Mittagessen fertig war, durfte auch ich los. Ohne Begleitung, weil es keine Straßen zu queren und keinen Verkehr zu beachten gab. Ich liebte diese paar Minuten Erwachsensein fast so sehr wie das Ziel meines Weges, den Fußballplatz.

Das Gelände der KSG lag mitten in unserem Wohngebiet. Die Rasenfläche rahmten auf zwei Seiten frei stehende Häuser ein, auf der dritten standen ein paar mehrstöckige Gebäude und auf der vierten, einer Längsseite, reckte sich das Vereinsheim empor: ein schnörkelloser, zweistöckiger Bau, der ein bisschen aussah, als habe man zwei Container mit Fenstern übereinandergestapelt. Darin befanden sich ein Gastraum mit schlichtem Tresen und sechs Tischen und eine Kegelstube mit zwei Bahnen. Links an die Außenwand des Vereinsheims schloss sich ein etwas flacherer Bau an: eine unterteilbare Mehrfachsporthalle, die alle Abteilungen der KSG nutzen durften. Unter der Halle lagen die Kabinen und Duschen für die Fußballer ab der D-Jugend. Wer unter zwölf war, war meist ohnehin mit den Eltern vor Ort, wurde von ihnen nach dem Training oder Spiel nach Hause gebracht und dort in die Badewanne gesteckt. Auch meine Schwestern »halfen« dann gern und schrubbten mir die vom Fußball dreckigen Knie mit Begeisterung und Nagelbürste.

Das Spannendste am Vereinsgelände aber war die Treppe hinunter zu den Kabinen. Sie verlief seitlich am Gebäude, damit die Spieler mit den Stollenschuhen nicht durch die Räumlichkeiten laufen mussten. Über dieser Treppe spannte sich ein Gitter wie ein Bogengang, und hinter diesem Gitter türmten sich an den Seiten die Bälle, die nach Gebrauch dort eingeschlossen wurden. Mit meinen gerade mal fünf Jahren hatte ich auf dieser Treppe eigentlich nichts zu suchen. Aber manchmal durfte ich Papa begleiten, wenn er die Bälle aufpumpte. Dann stand ich, der Zappelphilipp, in stillem Staunen unter dem Bällebogen, in dieser Höhle voll mit meinem Lieblingsspielzeug, und hatte für ein paar Minuten nicht mehr den Drang, herumzurennen. Die überbordende Energie schien im runden Leder ein Ventil zu finden. Der Sport, über den mein Vater in meiner Wahrnehmung als Herr der Bälle herrschte, schuf eine große Nähe zu Papa, dich ich selbst dann spürte, wenn er nicht zu Hause war, sondern auf Montage.

Ohne Ball an den Füßen fühlte ich mich dagegen irgendwie alleine und einsam. Scheinbar so unerträglich einsam war ich ohne das runde Leder, dass selbst auf Spaziergängen und Wanderungen mit meinen Eltern an spielfreien Wochenendtagen immer ein Ball dabei sein musste. Der fuhr im Fußraum der Familienkutsche mit oder im Verstaunetz hinten am Fahrersitz und strapazierte Mamas Nerven unterwegs oft sehr, weil wir auf unserer Spazierroute dribbelnd und prellend überhaupt nicht vorankamen. Trotzdem erlaubte sie mir, den Ball mitzunehmen, denn sie verstand die Bedeutung, die er beziehungsweise der Sport, den er verkörperte, für mich hatte. Fußball stand bei uns nicht in Konkurrenz zur Familienzeit. Er war die Familienzeit.

Das galt für die Heimspiele am Wochenende, wo alle zusammen halfen, Getränke beisteuerten und Würstchen grillten, ebenso wie für die Trainingscamps des Vereins. Da fuhren wir Kinder mit unseren Eltern und Trainern übers Wochenende weg, was ich damals total spannend fand. Wir schliefen in einem Matratzenlager, wo immer irgendjemand schnarchte, hustete oder sich im Dunkeln auf die Toilette tastete. Die Mamas und Papas kauften ein und kochten für alle riesige Töpfe voll Nudeln und Chili, und wir Kinder wohnten quasi auf dem Fußballplatz. Morgens hatten wir Techniktraining, nachmittags ein Trainings- oder Freundschaftsspiel. Wir durften richtig oft und viel trainieren und ich streikte nur, wenn der Coach versuchte, eine Übung ohne Ball dazwischenzuschmuggeln. Abends ließen wir uns müde und ohne Murren in unsere Schlafsäcke verfrachten. Selbst ich, deren Energie sonst nie zur Neige ging. Zwei Tage lang ging es nur um Fußball, Essen, Schlafen und Zusammensein. Es war großartig – auch weil an diesem Wochenende Schule und Hausaufgaben kein Thema waren.

Selbst in den Urlaub begleitete uns der Fußball. Schon Tage bevor meine Eltern unseren Wohnwagen reisefertig machten, freute ich mich auf den kleinen Campingplatz am Strand in der Nähe von Barcelona, auf dem wir jedes Jahr unser Sommerquartier bezogen. Wir kannten dort mittlerweile jede Menge Stammgäste, wussten, wer für ein Fußballmatch zu haben war, und gewannen in den Sommerferien regelmäßig das große Eltern-Kind-Turnier am Strand. Nur einmal schnappte uns ein Junge aus dem Ort den Sieg weg. Aber weil der schon mal ein Probetraining beim FC Barcelona mitgemacht hatte, meinem Lieblingsteam, war der zweite Platz für mich ausnahmsweise in Ordnung.

Erst waren wir jedes Jahr zu fünft nach Spanien gefahren. Später zu dritt, weil meine beiden Schwestern lieber mit ihren gleichaltrigen Freunden vereisten – und einmal durfte ich mit Papa allein losziehen, weil Mama eine Weiterbildung machte und für eine Prüfung lernen musste. Sie wollte uns aus dem Haus haben. Papa war einverstanden, die Pfingstferien mit mir in Spanien zu verbringen. Da der Urlaub aber mitten in die Fußballsaison fiel, überlegte er sich vor Ort witzige Trainingseinheiten, damit ich nicht aus der Übung kam und nach dem Urlaub nahtlos ins Vereinstraining einsteigen konnte. So warf er mir zum Beispiel im tiefen Ende des Campingplatz-Pools einen Ball zu, den ich schwimmend und paddelnd zurückschießen musste. Das war furchtbar anstrengend, aber auch wahnsinnig lustig. Ich prustete und lachte und wenn wir genug geübt hatten, zog Papa seinen Geldbeutel heraus, in dem er immer ganz klein zusammengefaltete Scheine als Notgroschen mit sich herumtrug, kaufte uns ein richtig gutes Sandwich –

und wenn ich den richtigen Moment abpasste, sprang auch noch ein Eis für mich heraus.

Bewegung und Fußball waren mit jedem unserer Lebensbereiche als Familie verwoben. Der Sport gehörte ganz natürlich zum Alltag. Und weil er dadurch für uns alle nicht mit einer Leistungserwartung verknüpft war, sondern mit kostbaren Stunden zusammen, durfte er für mich bleiben, was er bis heute ist: ein großer Spaß – und einfach nur Fußball. Der allerdings blieb nicht ohne Herausforderungen.

KAPITEL 4

JUNGE, JUNGE

»Hey, sag mal, pass doch auf!«, brüllte meine Mutter durch die Eislinger Mehrfachhalle. Das tat sie sonst nie. Ihr Job bestand normalerweise darin, unruhig am Spielfeldrand hin- und herzulaufen und zu hoffen, dass ich beim Spielen Freude hatte – trotz Zwischenfällen wie diesem, durch den ich mit einem dumpfen »Plock« auf den Linoleumboden geknallt war, bei einem Turnier der F-Jugend. Ich hatte ihn im Augenwinkel noch kommen sehen, den Jungen aus der gegnerischen Mannschaft. Er war ein kräftiger Kerl, fast zweimal so breit wie ich. Ein echter Holzklotz. Dass er nicht stoppen würde, hatte ich schon geahnt. Trotzdem hatte ich den Ball von meinem Teamkollegen angenommen, ihn aber so schnell wie möglich weitergespielt, um den Holzklotz von mir wegzuleiten. Doch dessen Masse war in Schwung – und er nicht mehr zu bremsen. Der Junge rammte mich mit voller Breitseite, zum wiederholten Mal.

»Siehst du nicht, dass das ein Mädchen ist?«, polterte mein Trainer Michael Barth vom Spielfeldrand Richtung Schiedsrichter. Der allerdings schaute überall hin, außer auf den Holzklotz, der sich hochrappelte, ohne mich eines Blickes zu würdigen, und wegtrabte, als sei er bloß über seine eigenen Füße gestolpert. Mir war nichts passiert und es machte mir nichts aus, umgemäht zu werden. Ich kannte das schon. Mit meinen acht Jahren war ich den Jungs körperlich und in Sachen Tempo inzwischen unterlegen und damit leichte Beute. Kurz vor diesem Hallenturnier hatte Michael mich bei einem anderen Spiel sogar vom Platz genommen, weil ich so oft gegen das Schienbein getreten wurde. Dass ich den Rest des Spiels von der Bank aus anschauen musste, hatte mich allerdings mehr gestresst als die Aussicht, weitere Attacken einstecken zu müssen. Das war halt Fußball. Und wozu gab es schließlich Schienbeinschoner?

Dieses Mal ließ mich der Coach auf dem Feld, nachdem er mit mir Blickkontakt aufgenommen und ich ihm mit einem »Daumen hoch« signalisiert hatte, dass alles okay war. Der Holzklotz-Vater schien allerdings wenig erfreut über meinen Verbleib in der Aufstellung. Als er mitbekam, dass ich weiterspielen würde, baute er sich schnaubend hinter der roten Seitenlinie auf und schmetterte meinem Trainer geifernd übers Feld entgegen: »Das ist aber nun mal eine Jungenmannschaft. Das ist ein Jungensport!«

Den Konter meiner Mutter, er solle die Kinder doch einfach Fußball spielen lassen, bekam er in seiner Wut gar nicht mit.

Dabei stimmte es ganz genau: Für mich war Fußball weder etwas Männliches noch etwas Weibliches, sondern einfach etwas, das mir unglaublichen Spaß machte. Seit ich denken kann, mochte ich alle und alles, was mit Bällen zu tun hatte. Trotzdem hatte sich meine Stellung als einziges Mädchen bei den Eislinger F-Junioren zu einem echten Kampf entwickelt. Nicht nur im Match, in jedem Training musste ich mich als Fußballerin erneut unter Beweis stellen. Es war, als hätten die Jungs von einer Woche auf die nächste vergessen, dass ich mit dem Ball umgehen konnte. Sogar besser als die meisten von ihnen, wenn man Fabian und Giuseppe mal außen vor ließ.

Jedes Mal wurde ich als Letzte ins Team gewählt, »weil du doch ein Mädchen bist«. Das traf mich. Nicht im Sinne von Wut, weil die Jungs so gemein waren, oder Trauer, weil es unfair war, immer übergangen zu werden. Ich war vielmehr tief enttäuscht darüber, dass meine Teamkollegen es nicht schafften, über das Offensichtliche hinweg das zu sehen, was ich war: ein Kind unter Kindern, die alle Fußball spielen wollten.

Bei den Bambinis und anfangs auch bei der F-Jugend waren wir alle noch ungefähr gleichauf gewesen in Sachen körperlicher und spielerischer Fähigkeiten. Doch das änderte sich langsam schon Ende der zweiten Klasse Grundschule. Zwar war ich nie ein dürres Kind, und inzwischen habe ich es auf stolze 1,80 Meter Körpergröße gebracht, aber ab den E-Junioren aufwärts, also mit knapp neun Jahren, war ich die mit Abstand Kleinste und Schmalste im Team. Eigentlich ein ganz normal gebautes Mädchen, das jeden Tag Fußball spielte und immer besser darin wurde. Aber das interessierte meine Mannschaftskollegen nicht besonders.

Ein bisschen besser wurde es, als ein zweites Mädchen in unser Team kam. Sie war ungefähr so groß wie ich, hatte lange Haare, die ihre Mutter ihr fürs Training zu einem Zopf zusammenfasste, und ein fast porzellanhaftes Gesicht mit Stupsnase und großen Augen. Ich fand sie ganz nett, aber sie spielte wie unter einer Käsekuppel, irgendwie gebremst. Nie ging sie richtig rein – und vermied damit Schrammen, aber auch genau das, was beim Fußball am meisten Spaß machte: den Zweikampf, die Action.

Immerhin betrachteten die Jungen im Team sie als »noch mehr Mädchen« als mich, ich war schneller als sie und hatte einen stärkeren Schuss, weshalb ich fortan bereits als Vorletzte gewählt wurde. Außer an Tagen, an denen der Coach bestimmte, dass heute »Mädchentag« war. So nannten das die Jungs stöhnend und verdrehten die Augen, wenn meine neue Kollegin und ich als Teamchefinnen vortreten und wählen durften. Und natürlich nahmen wir an Mädchentagen die, die vorher rumgemotzt hatten, ganz zum Schluss dran.

Trotzdem wurmte es mich, dass das, was ich war, mehr zählte als das, was ich konnte, wenn es um den Fußball ging. Abseits des Platzes war das doch auch völlig egal. Beim »Schokoladeauspacken« auf meinen Geburtstagsfeiern, zum Beispiel. Obwohl zu den Partys lange ausschließlich Jungs eingeladen waren, kümmerte es niemanden, wem sie Mütze, Schal und Handschuhe vom Körper rissen, um sich vermummt und mit Messer und Gabel über die mehrfach in Zeitung eingeschlagene Tafel herzumachen. Vielleicht lag es daran, dass unter der Mütze niemand sah, wer darunter steckte, überlegte ich – und schlussfolgerte, dass ich den äußerlichen Unterschied auch auf dem Fußballplatz aufheben musste. Ich musste so jungenhaft wie möglich werden.

Ab sofort weigerte ich mich deshalb, etwas anderes als Jungsklamotten anzuziehen – und ich ließ mir die Haare abschneiden: richtig kurz. Das fand ich nicht schlimm. Es war für mich einfach das, was ich tun musste, um ernst genommen zu werden. Meine Eltern nahmen es hin. Papa ging dafür extra mit mir zu seinem Herrenfrisör, der mehrfach nachfragte, ob wir »wirklich sicher« seien.

Auch Mama war mit der neuen Frisur einverstanden. Sie selbst hatte damals eine Zeit lang einen Kurzhaarschnitt getragen und tut es auch heute wieder. Warum also nicht auch ihre jüngste Tochter? Erst mit 22 ließ ich mir die Haare wieder wachsen, als ich das zweite Jahr in Potsdam spielte. Ein etwas ungünstiger Zeitpunkt, da die optisch eher unvorteilhafte Frisurübergangsphase mit einem höheren Medieninteresse an der 1. Bundesliga und mit entsprechend mehr Fotoaufnahmen von mir zusammenfiel.

Solange ich sie hatte, mochte ich meine kurzen Haare sehr gern und trug sie mal auf wenige Millimeter heruntergestutzt, mal ein paar Zentimeter lang, mal im Justin-Bieber-Look nach vorn gekämmt und wasserstoffblond oder irokesenmäßig mit Gel vorn aufgestellt.

Dieses veränderte Aussehen erfüllte seinen Zweck unmittelbar: Teils vergaßen die Jungen in meiner Mannschaft komplett, dass ich ein Mädchen war, und die gegnerischen Teams bemerkten es mitunter gar nicht. Ich gehörte dazu. Wenigstens optisch. Spielerisch musste ich mir dagegen noch gehörig etwas einfallen lassen, um mithalten zu können. Und das war: hinschauen.

KAPITEL 5

SCHNELLER DENKEN ALS DER REST

Es gibt ein Foto von mir, da stehe ich kurz hinter dem Mittelkreis meiner Spielfeldhälfte in einer Halle. Ich bin um die neun Jahre alt, trage mein erstes richtiges Fußball-Trikot – weiß mit gelben Streifen – und verfolge das Spiel, die Hände auf die Knie gestützt. Ich bin die Einzige, die nicht herumrennt, gestikuliert oder schreit: »Spiel mich doch an! Gib ab!«

Ich stehe einfach nur da und beobachte, als hätte jemand bei mir die Stopptaste gedrückt, während die anderen auf *Fast Forward* laufen.

»Wenn du merkst, dass die Jungs auf dich zurennen oder dich treten wollen, versuch schneller zu sein und geh ihnen aus dem Weg«, hatte meine Mutter mir geraten. Aber um ihnen aus dem Weg gehen zu können, musste ich wissen, was sie tun würden, bevor sie es taten.

Also lernte ich, genau hinzuschauen, trat in Aktion, wenn es sich für mich anbot, und hielt mit zurück, wenn es notwendig war – beziehungsweise gesünder für meine Schienbeine.

Ich sei schwer vom Ball zu trennen gewesen, sagt mein damaliger Michael Barth heute über mich. Doch es brachte nichts, mich dafür unüberlegt in Duelle oder Gruppenkämpfe mit den Jungs zu stürzen, das hatte ich mehr als einmal schmerzhaft überprüft. Diesen ersten Impuls hatte ich durchaus – schließlich wollte ich den Ball genau wie alle anderen. Doch diesem Impuls nachzugeben, führte nur dazu, dass mich selbst diejenigen, die mir vom Spielkönnen her unter-, in puncto Körpergröße und -gewicht aber überlegen waren, im Zweifelsfall einfach überrannten. Wollte ich das Spiel aktiv mitgestalten, ob im Training oder in Matches gegen andere Mannschaften, musste ich mir Strategien erarbeiten, die über einen Kurzhaarschnitt und überdurchschnittliche Schmerztoleranz hinausgingen.

Diese Strategie und meine einzige Chance, auf den Beinen und am Ball zu bleiben, bestand darin, Situationen früher zu erkennen sowie flotter zu denken und zu handeln als meine Mit- und Gegenspieler. »Du musst schneller sein als die Jungs«, bläute mir meine Mutter ein, und genau das war der Knackpunkt.

Kam der Ball zu mir, musste ich schon wissen, wo ich ihn hinspielen wollte, denn weniger Zeit am Ball und ein schnelles Abspiel gaben den Gegnern weniger Angriffsfläche. Wollte ich mein geringeres Renntempo ausgleichen, musste ich mir vorzeitig Platz erlaufen. Dafür galt es, die Bewegungsachsen der anderen vorwegzunehmen, um zu wissen, wo sich ein Leerraum auftun würde. Kurz: Ich musste Kleinigkeiten erfassen, die den Jungs entgingen: eine winzige Handbewegung zum Spieler, der den Ball annehmen sollte, eine Gewichtsverlagerung vor dem Abspiel oder ein abschätzender Blick in meine Richtung. Kleine Details, die zusammengenommen einen riesengroßen Unterschied machten. Die weise Stimme auf der Meditations-Kassette hatte recht gehabt: Man musste manchmal kurz stillstehen, um etwas zu bewegen. Also stand ich am Mittelkreis und beobachtete, nur um, kurz nachdem das Foto gemacht wurde, wie entfesselt loszurennen, um den Pass von einem blonden, schlaksigen Jungen zu seinem robusten Mitspieler zu durchschneiden und mir den Ball zu schnappen.

Wenn die Leute am Spielfeldrand nach solchen Aktionen applaudierten, war ich stolz. Aber das Schönste war für mich, wenn wir nach einem gewonnenen Spiel in einem Knäuel um den Coach herumstanden uns abklatschten und einem der Jungs ein »Geil!« rausrutschte, wenn er mir die Handfläche hinstreckte. Dann wusste ich, ich hatte meiner Mannschaft etwas Gutes getan, und es war aufgefallen. »Der Verein ist das Wichtigste, da bist du zu Hause«, hatte Papa immer gesagt. »Man braucht eine Basis.«

Heute habe ich die Hände nicht mehr auf den Knien, wenn ich ein Spiel beobachte. Ich verschränke sie hinter dem Rücken. Aber vor meinem inneren Auge ploppen noch immer ständig Varianten auf, wie eine Spielsituation aussehen könnte. Wie eine Netflix-Videothek im Kopf, die sofort »ähnliche Vorschläge, basierend auf deinem Sehverhalten« macht, wenn eine Situation vorbei oder nicht eingetreten ist.

Vor jedem Spiel schaue ich mir Aufnahmen der gegnerischen Spielerinnen an. Ich gehe raus auf den Stadionrasen und probiere aus, wie der jeweilige Ball vom Boden abprallt. Ich prüfe, wie stark und aus welcher Richtung der Wind weht, und nehme meine Umgebung mit allen Sinnen auf, damit ich sie im Spiel vergessen kann. All das gibt mir das Gefühl, nicht überrumpelt werden zu können. Es gibt mir Vertrauen in mich und meine Fähigkeiten. Nur dann kann ich stabil stehen. Und ob ich das tue oder nervös im Tor herumzappele, kann spielentscheidend sein.

MARSEILLE, 9. AUGUST 2024, 21.04 UHR, TEAMHOTEL

»Hey! Alles glänzt. So schön neu«, schallt Peter Fox aus der Soundtube in der Lobby des Teamhotels. Drum herum hüpfen wir auf dem wirr gemusterten Teppich, die Arme über den Schultern unserer Nebenfrauen verschlungen. Wir grölen mit, immer wieder unterbrochen von Kreischen, Jubeln und Freudensprüngen. Wir haben Bronze bei Olympia gewonnen! Und damit ist es vorbei, das Turnier, für das wir uns fast nicht qualifiziert hätten, und dem wir nun dennoch einen Platz auf dem Treppchen abgetrotzt haben.

Die Anspannung der vergangenen Wochen fällt ab wie Schnee von einem Ast, den man anstupst. Da ist Erleichterung darüber, dass es so gut gelaufen ist, und Vorfreude auf zu Hause, auf die Familie und eine Pause vom Sport. Auf andere Gesichter, die gewohnte Umgebung, das eigene Bett.

Gleichzeitig ist es der Moment, in dem die Blase platzt. Die Olympia-Blase, die so anders ist als der Alltag und in der man doch versucht, so normal wie möglich zu leben. Wo man aufsteht, frühstückt, zum Training geht; regeneriert, rumhängt und Harry-Potter-Filme guckt. Nur nicht zu viel über Fußball nachdenken, obwohl der Fußball über allem schwebt. Je mehr wir unter Beobachtung von Öffentlichkeit und Medien stehen, desto mehr versuchen wir, Abläufe zu schaffen, die nichts mit Ballsport zu tun haben – außer Tischtennis vielleicht.

Die Dynamik in der Nationalmannschaft ist eine andere als die im Verein. Man baut sich für ein paar Wochen seine eigene kleine Welt. Es geht nicht anders, wenn knapp zwei Dutzend Menschen über einen so langen Zeitraum so intensiv zusammen sind. Wenn jeden vierten Tag ein Spiel ansteht und man hin- und herfliegt zwischen den Spielorten. Es ist ein Rhythmus, der auf die Knochen geht, der den Kopf mürbe macht. Irgendwann funktioniere ich dann nur noch, ohne zu überlegen, ohne zu hinterfragen. Ich reite die Wellen, wie sie kommen. Von einem Flieger in den nächsten. Von einem Hotelzimmer ins nächste. Nächstes Spiel, nächste Welle. Abpfiff. Analyse. Abhaken. Denn die nächste Welle, das nächste Spiel, rollt schon an.

Trotzdem war die Stimmung im Team gut. Der Coach hat uns nachhaltig Lust auf Olympia gemacht. »Das hier, das ist das Tollste überhaupt«, schwärmte er und hat uns dennoch immer wieder eingeschärft, dass wir trotzdem nicht durchdrehen und es simpel halten sollten: Jede macht das, von dem sie denkt, es sei das Beste, was sie für die Mannschaft tun kann. Und für mich als Torhüterin bedeutete das, die Hände zusammenzunehmen, wenn der Ball kommt.

KAPITEL 6

DAS AUFKLEBER-ORAKEL

Der kleine Sticker klebte erstaunlich fest auf dem beschichteten Papier. Ungeduldig knibbelte ich mit meinen kurzen Fingernägeln an einer Ecke herum, bis sie sich löste und ich das Abziehbildchen zu fassen bekam. Es war ein Porträt von mir, eines der Klassenfotos, die jedes Jahr gemacht und dann in verschiedenen Größen als Bilderbogen an die jeweiligen Schüler und Eltern verteilt werden. Ich war in der 9. Klasse, die Haare trug ich gerade mittelkurz und kälbchenbraun; ich blickte in die Kamera, als müsste ich noch überlegen, ob ich lächeln oder das Shooting lieber doof finden soll. Meine Mutter bewahrte diese Bilderbogen-Fotos zusammen mit den anderen Aufnahmen von Urlauben, Familienfeiern und Fußballturnieren in einer Schublade im Wohnzimmer auf.

Eines dieser Schulporträts, ein kleines mit selbstklebender Rückseite, das jetzt auf der Kuppe meines Zeigefingers pappte, hatte ich Mama abgeschwatzt und ganz knapp um mein Gesicht herum zugeschnitten. Vorsichtig griff ich das kleine

Klebepapier, drückte es auf ein Poster an meiner Zimmertür und trat prüfend einen Schritt zurück. Ja, ich war zufrieden.

Das Poster, nur etwas größer als ein DIN-A4-Blatt, hatte ich aus einem der Sportmagazine meines Vaters herausgetrennt. Es zeigte die deutsche Frauen-Fußballnationalmannschaft, die Weltmeisterinnen von 2003, und ich hatte mir den Kopf von Torhüterin Silke Rottenberg »ausgeliehen«. Da, wo sie war, wollte ich hin. In echt, nicht nur als Abziehbildchen. Außer mir wusste das allerdings niemand, nahm es nicht ernst oder glaubte erst gar nicht, dass das möglich sei.

Meine Sportlehrerin in der siebten Klasse zum Beispiel. Die fand meine Kurzhaarfrisur und meine Fußballleidenschaft seltsam und nahm meine zweifelhafte Darbietung in Rhythmischer Sportgymnastik zum Anlass, um ihre Skepsis mir gegenüber in einer Drei im Schulsport auszudrücken. Damals war ich entsetzt über die Zensur und das Verhalten der Lehrerin, die ich mir nur so erklären konnte.

Auch meiner Mama war nicht klar, dass ich im Hinblick auf den Fußball ernste Ambitionen hatte. Ihr fiel erst nach zwei Jahren der kleine Aufkleber auf Silke Rottenbergs Gesicht auf, der ihr einen ersten Hinweis auf meine beruflichen Ziele gab; sie unterstützte mich, genau wie Papa es immer getan hatte. Dass mein ambitionierter Traum vom Tor über die Jahre so real geworden war, dass ich sogar von Fans angesprochen wurde, erlebte sie aber erst viel später unmittelbar: Bei der WM in Sydney 2023 fiel sie fast vom Stuhl vor Staunen darüber, dass ich in einem Café sogar in Zivilkleidung erkannt und um ein Selfie gebeten wurde.

Am meisten beschäftigte mich aber, dass meine Oma lange überhaupt nichts mit meinem Hobby anfangen konnte. Denn sie formulierte ihre Kritik daran sehr deutlich. Ihre Abneigung gegen Frauenfußball war nachvollziehbar: Sie stammte aus einer Generation, in der erst langsam akzeptiert wurde, dass

Frauen Sport treiben – und das auch nur, wenn der nicht zu anstrengend, nicht zu wettkampforientiert und auf keinen Fall »zu männlich« war. Also das Gegenteil von Fußball. Ein Duell im Rummikub war lange der einzige sportliche Wettkampf, den Oma akzeptierte. Dieses Gesellschaftsspiel, bei dem man Zahlenreihen legen und seine Spielsteine loswerden muss, kramten wir immer an den Freitagnachmittagen, die ich nach der Schule bei meinen Großeltern verbrachte, heraus. Gestärkt vom obligatorischen Kaiserschmarrn unternahm ich gelegentlich einen Diskussionsversuch darüber, warum Fußball eigentlich doch ein toller Sport war, auch für Mädchen. Aber lange prallte jedes Argument an Oma ab.

Größtenteils lebte ich meinen Traum vom Fußball als Hauptberuf im Stillen. Das war in Ordnung, ich machte ohnehin das meiste mit mir selbst aus. Aber je größer die Zweifel waren, denen ich begegnete, desto mehr wollte ich beweisen, dass es möglich war. Dass ich als Frau vom Fußball leben konnte. Dass dieser Sport etwas Gutes war, erst recht für Mädchen, weil es nicht nur darum ging, gegen einen Ball zu treten, sondern um Zusammenhalt, um Einsatz füreinander – und darum, mit Niederlagen ebenso umgehen zu lernen wie mit Siegen. Ich verteidigte den Sport fast so leidenschaftlich, wie ich ihn betrieb, und ich glaube, dass mich das noch konsequenter mein heimliches Ziel hat verfolgen lassen. Ich wollte recht behalten.

Diesem Ziel vom Profi-Frauenfußball war ich, kurz bevor ich mein Gesicht auf das von Silke Rottenberg geklebt hatte, schon einen Schritt näher gekommen: Denn seit Kurzem, ich war gerade 14 geworden, spielte ich im Sturm in einem reinen Mädchenteam – wo sich nach einigen Monaten eine Vakanz im Tor ergeben sollte. Die »ein bisschen rebellische« Position, von der ich heimlich träumte, seit ich ein kleines Mädchen war.

In Eislingen und Umgebung hatten sich, auch durch den WM-Erfolg der Frauen, so viele Mädchen für Fußball interessiert, dass der FV Vorwärts Faurndau, ein Ortsteil vom nahe gelegenen Göppingen, ein eigenes Mädchenteam ins Leben gerufen hatte. Die Gründung kam genau zum richtigen Zeitpunkt, denn ab meinem eben erreichten Alter von 14 Jahren durften gemischte Teams nicht mehr antreten. Trotzdem war ich erst nicht sehr begeistert davon zu wechseln. Ich hatte mich in meiner Eislinger Jungenmannschaft zurechtgeruckelt, kannte die Dynamik und konnte mich behaupten. Die Mädchen, mit denen ich bisher gespielt hatte, waren alle deutlich schwächer gewesen als ich, und unterbewusst hatte ich rundweg allen diesen Stempel aufgedrückt. Ich dachte, ohne es zu merken, selbst so wie diejenigen, die ich vom Gegenteil überzeugen wollte.

Meine neuen Teamkolleginnen brachten mich allerdings sehr schnell zurück auf den Boden genau jener Tatsachen, die ich meiner Lehrerin und meiner Oma zu vermitteln versuchte. Sie waren brillant. Alle, die im Umkreis von 20 Kilometern weiblich, mindestens 14 Jahre alt und mit Fußballtalent gesegnet waren, schienen bei der C-Jugend Faurndau zu spielen. Wir waren so gut, dass wir oft zweistellig gewannen: 13–0, 17–0, einmal sogar 29–0. Ich, damals noch reine Stürmerin, hatte die Zeit meines Lebens. Dass ich Spielsituationen mittlerweile sehr sicher lesen konnte und mir durch den Umgang mit den Jungs eine gewisse Spielhärte erarbeitet hatte, half mir nicht nur in diesem mir neuen Umfeld, in dem ich auf einmal nicht mehr die physisch Unterlegene war. Es erwies sich als echter Vorteil im und um den 16er – und bald hatte ich eine beachtliche Torbilanz in der C- und später der B-Juniorinnen-Liga. Ich war so euphorisch, dass ich schlussendlich meine Oma doch noch ansteckte. Etwas, das ihrer Enkelin so viel Freude bereitete, konnte nicht ganz verkehrt sein. Sie wurde schließlich mein größter Fan, überzeugte Verfechterin des Frauenfußballs und ließ sich, wann immer möglich, von Opa zu meinen Spielen kutschieren. Die beiden letzten Ziffern ihres Geburtsjahrs, 1930, trage ich heute als kleines Dankeschön dafür als Rückennummer auf meinem regulären Vereins-Trikot.

Im Gegensatz zu uns Feldspielerinnen langweilte sich unsere Torhüterin beim FV Faurndau fürchterlich. Ganze Halbzeiten lehnte sie am Pfosten und beobachtete teilnahmslos das Treiben auf dem Platz, ohne dass der gegnerische Ball auch nur in ihre Nähe gekommen wäre. Sie tat mir leid, bestimmt fühlte sie sich so unnütz, wie ich mich auf der Bank fühlte, und es wunderte mich nicht, dass sie immer seltener zum Training kam und irgendwann ganz wegblieb.

Allerdings hatten wir nun ein leeres Tor und auf die Schnelle keinen Ersatz, weshalb unser Coach Willi, ein kleiner Mann mit kurz gestutzten Haaren, uns im Tor rotieren ließ. Es waren meine ersten echten Torwartversuche seit der Terrassentür. Während einige meiner Teamkolleginnen wenig Lust auf den Kasten hatten, freute ich mich über die Abwechslung und darüber, ein paar neue Techniken zu lernen und andere Perspektiven zu gewinnen. Ich stellte mich ganz gut an und der Coach setzte mich im Training oft als Torfrau ein. In Matches stand ich allerdings nie im Kasten: Ich war zu klein. Noch. Denn dass ich weiter wachsen würde, wachsen musste, weil ich genau dorthin gehörte, ins Tor, dessen war ich mir sicher. Jedes Mal, wenn ich zwischen den Pfosten stand. Es war, wie wenn ein Skischuh in die Bindung klickt, nur dass der Ski noch ein bisschen zu groß war, um sicher mit ihm zu fahren. Das stand für mich genauso fest, wie mein Kopf auf dem Fußballposter der Nationalmannschaft klebte.

»Ich hatte immer schon, von Kindheit an, den Traum, einmal eine Weltmeisterschaft zu spielen und im Endspiel zu sein«, sagte Silke Rottenberg im Sportschau-Interview nach dem WM-Titelgewinn. Und wenn sie sich mit 31 Jahren den Traum vom WM-Finale erfüllen konnte, warum hätte ich meinen Traum vom Profifußball dann schon mit 14 Jahren aufgeben sollen?

KAPITEL 7

IN DEN HANDSCHUHEN DES IDOLS

Mit 16 Jahren machte ich einen enormen Wachstumsschub. Ich schoss so schnell in die Höhe, dass meine Kniegelenke und vor allem meine Achillessehnen nicht mitkamen. Ich hatte Schmerzen, und es gab Tage, da fühlte sich jeder Schritt an, als hätte mir jemand Rasierklingen an die Sehnen gebunden. Für jemanden wie mich, der es gewohnt war, herumzurennen, war das schwer hinzunehmen. Deswegen aber ein Training aussetzen? Auf keinen Fall – und zum Glück taten die Sehnen immer erst *nach* dem Spiel so richtig weh. Also biss ich die Zähne zusammen, so wie ich es heute noch manchmal tue, wenn die Muskeln nach einem harten Training oder wegen eines eng getakteten Spielplans so bleiern schwer sind, dass ich mir nicht vorstellen kann, auch nur einen Schritt zu rennen oder blitzschnell zur Seite zu hechten. 90 Minuten lang lässt sich der Körper immer kontrollieren, und mit ihm der Schmerz.

Meine Eltern bremsten mich trotz Wachstumsbeschwerden sportlich nie ein oder verboten mir, zum Fußball zu gehen. Im Gegenteil: Meine Mutter, die eine Zeit lang Apothekenassistentin gewesen war, half mir und setzte auf Naturheilmittel, um die protestierenden Achillessehnen zu beruhigen. Ihr entspannter Umgang mit den Schmerzen machte diese auch für mich weniger belastend, weniger bedrohlich. Es schien Möglichkeiten zu geben, sie in den Griff zu bekommen, warum sich also in etwas hineinsteigern? Nach dem Training verfrachtete Mama mich direkt, wenn ich zur Haustür herein war, mit einem Teller Nudeln aufs Sofa und verpasste mir Quarkwickel. Die kühlten wunderbar, die Kälte tat gut, und das Pulsieren hinten, wo der Fuß von der Ferse in die Wade übergeht, beruhigte sich ein wenig.

Ein bisschen fühlte es sich an wie früher, wenn ich als kleines Kind Fieber hatte, Mama mir Wadenwickel machte und ich den ganzen Vormittag Zeichentrickserien schauen durfte. In ein, zwei Tagen würde alles wieder okay sein, das wusste ich – und bis dahin würden mich Bugs Bunny und Wickie ablenken.

Doch nun, wenn der Viertel-nach-Acht-Film im Fernsehen zu Ende war und ich den bröckelig angetrockneten Quark abgewaschen hatte, lag ich manchmal im Bett und dachte darüber nach, wie lange es wohl noch dauern würde, bis meine Beine wieder das machten, was ich wollte. Da war keine ernste Sorge, alles würde fraglos gut werden, aber hin und wieder schlich sich doch ein leiser Zweifel in meinen Kopf. War das, was mit mir gerade passierte, so normal, wie ich dachte? Die anderen in meinem Jahrgang wuchsen langsam, fast unmerklich wie die Apfelbäumchen auf den Streuobstwiesen vor der Eislinger Ortsgrenze. Ich hingegen schoss von jetzt auf gleich in die Höhe wie ein Champignon auf Kompost. Würde mein Körper am Ende der einer Torhüterin, den ich mir seit meinen sporadischen Einsätzen im Tor der C-Juniorinnen sehnlichst wünschte, sein oder würde er sich als zu anfällig für die hohen Anforderungen einer professionellen Fußballkariere erweisen?

Dass dies der Fall sein könnte, war mir in meinem bislang verletzungsfreien Fußballerinnenleben nie in den Sinn gekommen, obwohl es genügend Beispiele im Nachwuchs- und Profifußball gab, wo selbst große Talente an ihrer Physis scheiterten.

Wuchs ich hier in eine sportliche Sackgasse hinein oder aus ihr heraus? Die Antwort darauf kannte weder ich noch irgend jemand sonst. Da ich nichts anderes tun konnte, als abzuwarten und Quark auf meine Achillessehnen zu schmieren, beschloss ich, wie so oft, die Dinge auf mich zukommen zu lassen; sie zu nehmen, wie sie waren. Das bedeutete für den Moment, die Schmerzen zu akzeptieren, um weiter das tun zu können, was ich liebte. Und am Ende sollte sich der Zeitpunkt, zu dem der Wachstumsschub kam, als der ungünstigste und gleichzeitig optimale erweisen.

Gerade war ich nämlich zusammen mit drei anderen Mädchen vorzeitig in die Verbandsliga-Mannschaft des FV Faurndau aufgestiegen, mit der wir es 2007 in die Oberliga schaffen sollten. Das war eine große Sache, für die es aufgrund meines Alters der Zustimmung meiner Eltern und des Verbands bedurfte. Ich hatte mir fest vorgenommen, diese Chance zu nutzen und meine Anwesenheit im Team mit Bestleistungen zu rechtfertigen. Dieses Vorhaben machten die Wachstumsschmerzen nun deutlich schwerer, und ich hätte sonst was darum gegeben, das zeigen zu können, was ich glaubte, zu können.

Es entsetzte mich in meinem jugendlichen Ehrgeiz, dass einige der Frauen nach dem Training manchmal noch zusammensaßen und ein Bier oder einen Wein tranken. Das machten ernsthafte Sportlerinnen doch nicht! Dass der Fußball für sie neben Job und Familie nur ein kleiner Teil ihres Lebens war, vergaß ich damals in meinem Eifer vollkommen. Doch die Tatsache, dass es so war, kam meinem kämpfenden Körper damals zugute.

Denn mal ein Training ausfallen zu lassen, später zu kommen oder früher zu gehen, war längst nicht so schlimm, wie es in einer höheren Liga oder einem Talentfördersystem gewesen wäre. Es war sogar notwendig, weniger flexibel hätten die Spielerinnen den Sport nicht in ihrem Alltag untergebracht. Ich hatte durch diese Flexibilität die Möglichkeit, Inhalte und Umfänge meinem aktuellen Befinden anzupassen, und wenn die Rasierklingen beim Laufen gerade mal wieder unbarmherzig in die Achillessehnen schnitten, stellte mich unsere Trainerin Patricia ins Tor. Es war der Beginn meines Übergangs von der Stürmerin zur Torhüterin. Jetzt, wo ich der Aufgabe wortwörtlich gewachsen war.

Patricia selbst war früher mit den Sportfreunden Siegen in der Bundesliga aktiv gewesen. Ich bewunderte sie. Umso mehr, als ich herausfand, dass sie mit Silke Rottenberg gespielt hatte, meinem Idol und Poster-Double. Manchmal erzählte Patricia ein bisschen was aus dieser Zeit, viel zu allgemein für meinen Geschmack: von den langen Läufen, die sie im Training gemacht hatten, und davon, dass fast alle Spielerinnen auch dann noch zumindest Teilzeit arbeiten mussten, als sie in der Bundesliga unterwegs waren. Dass sie morgens jobbten und nachmittags trainierten oder umgekehrt.

Gern hätte ich mehr über Silke Rottenberg gehört, doch Patricia erwies sich hier als äußerst tratschresistent. Dennoch elektrisierte es mich, den Geschichten meiner Trainerin zuzuhören. Durch sie erschien es mir trotz Wachstumsschmerzen realistisch, es schaffen zu können. Patricia war Teil der Welt gewesen, zu der ich gehören wollte. Sie war ein Verbindungsstück zu meinem Traum. Die Tatsache, dass ich jemanden kannte, der wiederum Silke Rottenberg kannte, fühlte sich für mich an wie der Schlüssel zu einem Schatzkästchen, von dem ich noch nicht wusste, was darin war. Aber es konnte nur etwas Gutes sein.

Mit Patricia und meiner älteren, erfahreneren Torwartkollegin in Faurndau durfte ich an der Grundlage meiner späteren Torhüterinnen-Karriere arbeiten. Sie mochten und förderten mich, legten mir nahe, langsam in die zweite und dann in die erste Liga zu gehen, wenn die Möglichkeit bestehe. »Man kann leicht untergehen, wenn man gleich einen zu großen Schritt geht«, rieten sie mir.

Tipps wie diese bekräftigten, dass ich ernst genommen wurde. Hier, in dieser Mannschaft, gab es Menschen, die Ahnung vom Fußball hatten und trotzdem (oder deswegen?) meine sportliche Ambition unterstützten: später vom Fußball leben zu können.

Die schönste Bestätigung aber brachte mir Patricia nach einigen Monaten in der Frauenmannschaft mit auf den Übungsplatz: ein Paar Torwarthandschuhe, die sie mir mit den Worten überreichte: »Für dich. Das waren mal Silkes.« Mir blieb für einen Augenblick die Luft weg, als meine Trainerin mir die inzwischen etwas angegrauten weißen Handschuhe mit dem hellblauen Streifenlogo in die Hand drückte. Entgeistert starrte ich auf den Schatz zwischen meinen Fingern, und das warme Leder, seine raue Oberfläche, über die ich andächtig strich, machten mir klar: Das hier war real, es war fassbar, schaffbar und die Faurndauer Oberligamannschaft könnte der nächste Schritt für mich als Fußballerin sein, wenn ich den Kopf runternahm und ackerte. Für einen Moment konnte ich mich schon im Tor eines Proficlubs sehen. Doch bis es tatsächlich so weit sein sollte, musste ich noch einiges an Lehrgeld zahlen.

KAPITEL 8

VOM TOR ZUM STURM IN 45 MINUTEN

In der Ferne am Himmel brummte leise der Motor eines Flugzeugs. Schon wieder eins. Wahrscheinlich ein Urlaubsflieger, der fröhliche Menschen an irgendeinen Strand brachte, wo sie Cocktails tranken und es sich gut gehen ließen. Da wäre ich jetzt auch gern dringesessen. Aber ich stand im Tor auf einem Rasenplatz in der Nähe des Stuttgarter Flughafens Leinfelden-Echterdingen und ärgerte mich. Gerade war der Ball an mir vorbei ins Netz gezischt. Schon das zweite Mal. Mit den Fingern war ich noch dran gewesen, aber ich hatte ihn nicht fassen oder wegschlagen können. Fliegenhände oder Flutschfinger hat ein Torwart, der nicht hält. Und heute schien ich nichts zu halten. Ruckartig zog ich die Handschuhe an den Manschetten zurück. Eine Geste, bei der meine Mutter sofort wissen würde, dass ich sauer war. Sie stand mit Papa hinter den weiß bepinselten Rohren, die die wenigen Zuschauer von den Spielerinnen auf dem Platz trennten, und wurde Zeugin, wie ich Fehler um Fehler machte. Denn nichts anderes war es für mich, wenn ein Ball ins Tor ging: mein Fehler, egal was vorher auf dem Platz passiert war, in welchem Winkel der Ball aufs Tor flog und ob ich die Spielerin hatte sehen können oder nicht.

Die Saison der Oberliga Baden-Württemberg 2006/07 war schon weit fortgeschritten, und es gab nicht mehr viel zu verpatzen. Deshalb hatte mich unsere Trainerin Patricia ins Tor gestellt: um Erfahrung zu sammeln. Auf die, die ich gerade machte, hätte ich jedoch gern verzichtet.

Unzufrieden schnaubte ich durch die Nase, presste die Lippen zusammen und nahm den Rasenplatz vor mir fest ins Visier. *Komm schon, konzentrier dich, Anne,* ermahnte ich mich. Irgendwie kam ich heute nicht richtig in den Flow. *Das ist doch jetzt echt bescheu…*, schickte sich ein frustrierter Gedanke an, durch meinen Kopf zu ziehen. Aber noch bevor ich den Satz zu Ende denken konnte, hörte ich das leise »Plock« eines Schuhs, der gegen den Ball tritt, sah die Kugel auf mich zufliegen … und ein drittes Mal an mir vorbei im Kasten landen. Sauer boxte ich in meinen Handschuh, die Falte zwischen meinen Augenbrauen vertiefte sich. Was war heute nur los?

Ich suchte Blickkontakt zu Patricia. Die drehte in der Luft ihre Zeigefinger gegeneinander: Wechsel. Ich war raus, zu Recht. Mit gesenktem Kopf trottete ich zur Bank, klatschte auf dem Weg dorthin ein paar Spielerinnen ab. »Du hast es immerhin versucht«, sagten ihre Gesichter. *Shit.* Das war nicht der Plan gewesen.

Immerhin klopfte Patricia mir aufmunternd auf den Rücken, als ich mit hängendem Kopf an ihr vorbeiging. Dann schien sie kurz zu überlegen, hielt mich am Oberarm fest, zog mich zu sich heran und raunte: »In der zweiten Halbzeit gehst du in den Sturm, verstanden?« Ich schaute sie überrascht an.

Bitte, was? Es dauerte einen Moment, bis ich die Info verarbeitet hatte: Meine Trainerin wechselte mich nicht aus, sie besetzte mich um. Wie großartig war das denn? Eben noch unzufrieden mit mir und der Fußballwelt und gedanklich schon im Ferienflieger, riss ich mir jetzt freudig erregt in der Kabine mein Torwartshirt vom Oberkörper und streifte mein Stürmertrikot über. Mit dem Textil änderte sich auch meine Einstellung: »Mach einen Haken dran. Sieh zu, dass du den Mist von vorhin wettmachst«, sagte ich mir, als ich nach Ende der Halbzeitpause zurück auf den Rasen joggte. Im Augenwinkel sah ich, wie Mama Papa in die Seite knuffte, etwas flüsterte und ungläubig mit dem Kinn in meine Richtung nickte. Sie konnte es auch nicht fassen, dass ich wieder da war, auf dem Platz. Aber es war so und ich würde diese Chance nutzen.

Wenn etwas nicht so läuft wie geplant, konzentriere dich auf das, was du beeinflussen kannst, lautet eine Strategie aus dem Sport-Mentaltraining. Nicht, dass ich mich damit auskannte, aber ich versuchte dennoch ganz instinktiv in dieser zweiten Halbzeit bewusst nicht, mit allen Mitteln ein Tor zu schießen. Das lag nicht in meiner Macht. Es gab zu viele Faktoren, die dabei eine Rolle spielten und die ich nicht kontrollieren konnte: die eigenen Spielerinnen, die gegnerischen Spielerinnen, die Flugkurve des Balls, der Reaktion der Torhüterin …

Deshalb machte ich es zu meiner Hauptaufgabe, aufmerksam zu sein; offen und frei vom Ballast der ersten Halbzeit aufzuspielen. Das Mädchen, das hier über den Platz rannte, sollte nicht Ann-Katrin, die gescheiterte Torhüterin der ersten Hälfte, sein, sondern Ann-Katrin, die unbefleckte Stürmerin der zweiten Halbzeit, die den Gegnerinnen ordentlich einheizen würde.

Ich trabte gemächlich rückwärts und beobachtete, wie meine Teamkolleginnen sich weiter hinten auf dem Rasen den Ball zupassten, ihn immer näher Richtung gegnerisches Tor spielten, immer näher hin zu mir. Ich schaute mich um, um abzuchecken, wo meine Mitspielerinnen und wo die der anderen Mannschaft waren, und brachte mich in Stellung, signalisierte: »Ich bin frei, spiel ab.« Der Ball rollte auf mich zu, ich stoppte den Pass mit dem Innenrist, machte eine halbe Drehung, ein paar Schritte, fixierte das Tor, zog ab … und versenkte den Ball an der Torhüterin vorbei im Netz! Wie entfesselt rannte ich los, hüpfte hoch, boxte in die Luft. Mir fiel ein Felsbrocken vom Herzen. Lachend ließ ich mich von meinen Teamkolleginnen über den Haufen springen. Mama und Papa lächelten breit hinter dem weiß getünchten Eisengerüst und klatschten. Es war der erste von insgesamt drei Treffern, die wir Faurndauer Frauen an diesem Tag noch machen würden. Ein Unentschieden, mit dem nach der ersten Halbzeit wohl kaum jemand gerechnet hätte. Und ich hatte den ersten Treffer gemacht, den zweiten und den dritten hatte ich vorgelegt.

Dieses war kein wichtiges Spiel und es war auch kein außergewöhnlich gutes. Aber es hat mich geprägt, weil es mir gezeigt hat, dass man im Fußball ehrlich zu sich sein muss und hart, ohne darüber zu grübeln, was man tut und ob es richtig oder falsch war. Dass man Fehlern und Phasen, in denen es nicht läuft wie geplant, nicht ewig nachhängen darf. Fußball ist zu schnell, um lange darüber nachzudenken. Man muss weg von dem, was man gerade fühlt, und hin zu den Faktoren, die man kontrollieren kann, zu den Dingen, die man in diesem Moment aktiv tun kann. Deshalb bin ich dann am besten, wenn es mir gelingt, den Kopf auszuschalten. Wenn ich es schaffe, ganz im Augenblick zu sein und nicht gedanklich auf der Startbahn des Stuttgarter Flughafens oder in einer Badewanne voll Selbstmitleid, weil es nicht so läuft, wie ich es mir vorgestellt habe. Inzwischen gelingt mir das fast immer.

KAPITEL 9

LANGE TAGE, GROSSE CHANCEN

Manchmal war mein Kopf aber nicht wegen der hohen Konzentration auf ein Spiel komplett leer, sondern schlicht deshalb, weil ich von Training und Schule zu müde war, um irgendwelche Gedanken darin festzuhalten. Oder weil ich eine Information bekam, die ich nicht sofort verarbeiten konnte. Mein Gehirn ging dann in eine Art Schockstarre, wie ein Reh im Scheinwerferlicht. So wie jetzt, in der Kabine des Sindelfinger Floschenstadions, obwohl das Licht, eine in die holzvertäfelte Decke eingelassene LED-Röhre hinter Milchglas, nicht sonderlich grell strahlte.

In wenigen Stunden würden wir im DFB-Pokal-Halbfinale gegen den Bundesligisten FFC Turbine Potsdam antreten. Die Potsdamerinnen waren unfassbar erfolgreich, hatten 2005 den UEFA Women's Cup gewonnen, waren zweimal Deutscher Meister geworden und dreimal Deutscher Pokalsieger. Wir Sindelfingerinnen, mein neues Team, hatten zu diesem Zeitpunkt den zweiten Tabellenplatz der 2. Bundesliga Süd vorzuweisen. Potsdam war die deutlich stärkere Mannschaft. Nun sollte ich gegen sie im Tor stehen, wie ich gerade erfahren hatte. Sehr kurzfristig, weil unsere erste Torhüterin überraschend krank geworden war.

Nach zwei Jahren mit den Frauen des FV Faurndau hatte mich meine dortige Trainerin Patricia nach Sindelfingen empfohlen, da ich mich im Tor gut entwickelt hatte. Deren Frauenmannschaft, die in der zweiten Bundesliga spielte, war auf der Suche nach einer zweiten Torhüterin. Als Sindelfingen wirklich Interesse an mir – damals gerade volljährig – bekundete, ging ein kleines Feuerwerk in meinem Herzen hoch. Lieber hätte ich mir ein Bein abgehackt, als nicht zuzusagen. Bei Faurndau hatte ich zwar nach wie vor zwischen Tor und Sturm gewechselt, jedoch im zweiten Jahr vermehrt als Backup mit der ersten Torhüterin trainiert. Sie war schon um die 50, hatte graue Haare und bereits angedeutet, dass sie nicht mehr ewig weitermachen wollte. Aber sie war noch immer sehr gut in dem, was sie tat. Mit der Zeit und ihrer wachsenden Erfahrung, hatte sie ganz genau herausgefunden, wie sie sich zum Ball bewegen musste, um ihre nachlassende Reaktionsgeschwindigkeit auszugleichen, und brachte mir die Grundlagen dieses Stellungsspiels sowie ein solides Torwart-Einmaleins bei, was mich beides nun für Sindelfingen qualifiziert hatte.

Die Schmerzen in den Knien und Sehnen waren abgeklungen, aber wie die meisten Teenager war ich in einer Art natürlichem Dauerenergiesparmodus und froh, wenn ich nicht allzu viel laufen musste. Auch deshalb kam mir die Arbeit im Tor gut zupass. Denn selbst wenn Torhüterinnen aufgrund der veränderten Spieldynamik inzwischen deutlich mehr rennen als früher, lege ich pro Spiel mit rund 5 Kilometern immer noch bloß halb so viel Strecke zurück wie die Feldspielerinnen.

Kilometer machte ich eher an den beiden wöchentlichen Trainingstagen. Mein Engagement in Sindelfingen, rund 60 Kilometer einfach von meiner Haustür zu deren Vereinsgelände, war mit deutlich höherem zeitlichen Aufwand verbunden als das im nahe gelegenen Faurndau. Um 6.30 Uhr verließ ich das Haus Richtung Schule. Oft hatte ich gleich morgens auch meine Trainingstasche dabei. Die Hausaufgaben machte ich entweder zwischen 13 und 16 Uhr zu Hause, bevor ich zum Bahnhof aufbrach, oder, wenn ich Nachmittagsunterricht hatte, in den 45 Minuten Zugfahrt nach Stuttgart. Dort sammelte mich am Bahnhof eine Teamkollegin auf und nahm mich mit zum Trainingsgelände in Sindelfingen, was nochmals rund eine halbe Stunde Fahrt bedeutete. Nach zwei Stunden Training, und meist in letzter Minute auf den Bahnsteig hetzend, saß ich gegen 22 Uhr im Zug zurück nach Eislingen und schloss um 23 Uhr die heimische Haustür hinter mir. Hungrig und müde.

Oft habe ich geflucht, wenn am nächsten Morgen um kurz vor sechs der Wecker schon wieder unbarmherzig rasselte. Nach einer viel zu kurzen Nacht, erst recht für mich als Langschläferin, die problemlos bis zehn oder elf Uhr im Bett geblieben wäre, wenn sie gedurft hätte. Nie aber gab ich dem Fußball die Schuld, dass ich nicht ausgeschlafen war, sondern immer der Schule. Die Sinnhaftigkeit eines so frühen Unterrichtsbeginns stellte ich ständig infrage, den Sport dagegen nie. Den machte ich, ohne darüber nachzudenken, ob er mir Zeit, Schlaf und Diskobesuche raubte. Ein großer Partytyp war ich ohnehin nicht. An den Wochenenden war ich froh, wenn ich meine Familie um mich hatte – oder mit meinem Team auf dem Fußballplatz stand. Als Kind und Jugendliche war ich gelegentlich nach dem Training noch auf eine Limo geblieben, in dem kleinen Gastroraum mit seinem wackeligen Tresen, wenn meine Eltern mit anderen Erwachsenen aus dem Verein zusammensaßen. Später, auch noch in Potsdam, waren der Sport und die wenige Freizeit, die ich hatte, auch in Sachen Freundeskreis streng getrennt. Die Mannschaft war die Mannschaft. Wenn ich Lust hatte auf Kino, einen Film bei jemandem zu Hause zu gucken oder gemeinsam Nintendo zu spielen, machte ich das mit meinen Klassenkameradinnen und -kameraden. Das passierte aber eher selten.

Denn nichts gab mir das gleiche gute Gefühl wie der Fußball, obwohl es in meinem neuen Verein strenger zuging als in meinen vorherigen Teams.

In Sindelfingen waren Pünktlichkeit und Anwesenheit Pflicht. Die Abläufe waren merklich professioneller als in Faurndau. Doch das mochte ich, es gab mir Leitplanken, innerhalb derer ich mich in der neuen Bundesliga-Welt bewegen konnte. Als zweite Torhüterin dort mitspielen zu dürfen, war eine tolle Möglichkeit für mich, technisch besser zu werden und Erfahrung im Tor zu sammeln, ohne gleich an vorderster Front zu stehen.

Ich fand es aufregend, an den Wochenenden bei Spielen der 2. Bundesliga in ganz Süddeutschland unterwegs zu sein, mir aber erst einmal ohne Druck und in aller Ruhe anschauen zu können, wie der Sport auf diesem Niveau ablief, und ab und zu auch eingesetzt zu werden. Mich selbst aktiv als Torhüterin ins Spiel zu bringen, darum zu bitten, zum Zug zu kommen, dafür wäre ich ohnehin viel zu schüchtern gewesen. Sprachen mich meine Teamkolleginnen an, antwortete ich höflich. Ansonsten drückte ich mich eher still im Hintergrund herum, guckte zu, lernte und machte, was die Coaches, die Trainingspläne und die Orga-Listen für die Spieltage mir sagten.

Nun aber war der ursprüngliche Plan geplatzt: Die erste Torhüterin war krank und ich ihr Ersatz. Ich würde nicht wie gedacht vom Spielfeldrand aus zusehen, sondern auf dem Platz aktiv sein. Gut, ich war seit fast einem Jahr in Sindelfingen, und ein Einsatz bei einem wichtigen Spiel war nur noch eine Frage der Zeit gewesen. Im Grunde fühlte ich mich bereit, ausgemalt hatte ich mir diesen Moment aber ganz anders: mit einigen Tagen Vorlauf, gezielter Vorbereitung und ein paar abschließenden Tipps der ersten Torhüterin.

Jetzt würde ich das Halbfinale des DFB-Pokals spielen, in Abwesenheit meiner Kollegin und noch am selben Tag, an dem ich davon erfahren hatte. Mir rutschte das Herz ein wenig Richtung Hose. Aber ein bisschen spukte auch der Kampfgeist in mir. Ich hatte Lust, zu schauen, wie ich mich gegen eine so viel stärkere Mannschaft schlagen würde.

Das Floschenstadion, eine Multisportanlage mit umlaufender Tartanbahn und flachem weißen Vereinsbungalow, war nur mäßig besetzt. Unter den Dachvorsprüngen der grauen Betontribünen, auf denen eigentlich bis zu 5000 Menschen Platz finden, saßen nur rund 600. Aber das war okay, weniger Zeugen – und von der Kulisse bekam ich in Aktion mittlerweile nicht einmal mehr Flugzeuge mit. Ich hatte gelernt, mich zu fokussieren.

Das Viertelfinale fand an einem trüben Februarnachmittag statt: bedeckter Himmel, knapp über 0 Grad. Der Boden hatte diese seltsame Konsistenz von Erde, die noch nicht gefroren, aber auch nicht mehr ganz locker ist, sodass das Laufen in Stollenschuhen etwas mühsamer war. Ungewollt wegrutschen bei einer schnellen Bewegung würde ich jedenfalls nicht.

Die Potsdamerinnen in Blau wirkten selbstbewusst, erhobene Köpfe, entspannte Gesichter – und sie hatten allen Grund dazu: Wir hatten ihnen wenig entgegenzusetzen. Ab dem Anpfiff stand ich mehr oder weniger unter Dauerfeuer. Es gingen so viele Schüsse aufs Tor, dass das Spiel auch zweistellig hätte ausgehen können. Wie ich es hinbekommen habe, dass es am Ende nur bei einem 1:0 für Potsdam blieb und dieses Tor erst nach 30 Minuten fiel, weiß ich bis heute nicht. Auch an das Spiel als solches habe ich kaum eine Erinnerung. Es war, als wäre meine private Persönlichkeit vollkommen hinter der der Torhüterin zurückgetreten.

Ziemlich genau erinnere ich mich dagegen an die Szene nach dem Spiel. Mit meinem Auftritt hatte ich den Deutschen Fußball-Bund auf mich aufmerksam gemacht. Nach dem Abpfiff kam der damalige DFB-Präsident des Frauenfußballs, Theo Zwanziger, zu mir und gratulierte mir zu meiner Leistung. »Du hast ein richtig großes Talent«, sagte er, und dass es ihn nicht wundern würde, wenn ich irgendwann in der 1. Bundesliga auftauchte.

»Ja, danke«, stammelte ich wie eine Idiotin – Komplimente sind mir bis heute unangenehm.

»Wo hattest du dich denn bisher versteckt, Mädchen, dich kenne ich gar nicht«, redete der Mann weiter. Wer war das bloß, ein Reporter?

Ich hatte keine große Lust, mich zu unterhalten. Zu groß war noch die Enttäuschung über die knappe Niederlage – und über mein Spiel, wie immer, wenn ich ein Tor reinlasse. Noch einmal brummelte ich: »Danke«, drehte mich um und ließ ihn stehen.

Meine Mannschaftskolleginnen hatten die Szene mitbekommen. Aufgeregt umringten mich einige in der Kabine und fragten, was denn Theo Zwanziger zu mir gesagt habe und wie das Gespräch war.

Ich war verwirrt: »Wer ist denn Theo Zwanziger?«, wollte ich wissen und erntete dafür ungläubig aufgerissene Augen.

»Na der Präsident vom Frauenfußball!«, erklärte mir eine Mitspielerin. Erst da wurde mir klar, wer das war und wie bedeutsam diese Begegnung für mich hätte sein können – wenn ich nicht einfach abgehauen wäre. Am liebsten wäre ich in diesem Moment im Boden versunken.

Zwei Monate später meldete sich dann zwar nicht der Fußballbund bei mir, aber ich bekam ein Angebot von einem anderen Interessenten, den ich im Halbfinale wohl beeindruckt hatte: Potsdam rief an beziehungsweise Bernd Schröder, deren damals schon namhafter Trainer, und fragte, ob ich Interesse hätte, für sie zu spielen.

MARSEILLE, 3. AUGUST, 19 UHR, STADE VÉLODROME

Als wir uns zur Nationalhymne aufreihen und uns an den Händen fassen, dastehen wie die Glieder einer Kette, miteinander verbunden, schaue ich hoch zu den Zuschauerrängen und lächle. Das tue ich immer. Ernst sein und fokussiert, das kann ich später noch, wenn das Spiel angepfiffen wird. Jetzt ist der Zeitpunkt, um die Atmosphäre aufzunehmen. Um mich darüber zu freuen und dankbar dafür zu sein, dass ich hier sein darf, im Orange Vélodrome in Marseille. Dass ich Fußball spielen darf.

Meine Mama und mein Opa haben mal zu mir gesagt: »Warum schaust du so ernst, als hättest du keine Lust zu spielen?« Und ich dachte mir: Ja, warum eigentlich? Seitdem lächle ich während der Nationalhymne. Es ist ein Ritual, das mich auf das einstimmt, was jetzt kommt. Denn ich habe Lust, zu spielen. Und wie.

Hier, bei den Olympischen Spielen in Frankreich, fühle ich mich leicht. Ich habe den Spaß am Fußball wiedergefunden. Die Verbissenheit, die sich in meiner Zeit bei Chelsea eingeschlichen hat, ist weg. Dabei war es fast schon ein Skandal, dass der Coach so kurz vor Turnierstart die Torhüterin gewechselt und mich ins Tor gestellt hat. Mich, mit acht Nationalmannschaftsspielen in vier Jahren, statt einer Torhüterin, die jahrelang die Nummer eins war, die in Europa- und Weltmeisterschaften gespielt hatte. Schließlich ist Olympia nicht irgendein Turnier, es dürfen nur zwölf Frauen-Teams antreten, im Vergleich zu 32 bei der WM.

Der Familien-Gruppenchat ist vor Emojis explodiert, ich habe Nachrichten und Anrufe bekommen. Manche lang und enthusiastisch, andere kurz und knapp.

Mama hat nur geschrieben: »Wirklich jetzt?« Sie hat es nicht glauben können. Ebenso wenig wie ich. Doch obwohl ich als erste Torhüterin der Frauen-Fußballnationalmannschaft bei Olympia in ungewohnt helles Scheinwerferlicht treten würde, habe ich nicht mehr Druck als vor »normalen« Spielen verspürt. Ich bin so aus dem Blauen heraus zur Nummer eins geworden, dass die Leute wahrscheinlich gar keine Zeit hatten, sich mit mir zu beschäftigen oder Erwartungen an mich aufzubauen. Ich habe ja nicht mal selbst welche gehabt.

Jetzt stehe ich hier auf olympischem Rasen, im Viertelfinale gegen Kanada, und lächle, während die Nationalhymne durchs Stadion schallt; ich höre zu, wie die Menschen auf den Rängen mitsingen und auch ein paar der Spielerinnen, die neben mir stehen, die Hände ineinander verschlungen. Ich atme ein und denke an meinen Papa. An das letzte Mal, dass er bei einem meiner Spiele im Stadion war, bevor er zu krank dazu wurde – ich habe damals für Paris Saint-Germain gespielt. Olympia in Frankreich ist eine Premiere für mich, aber irgendwie auch ein Wiedersehen.

KAPITEL 10

TRAURIGER KARNEVAL

Als ich 2011 nach Potsdam zog, wo ich parallel für den FFC Turbine in der Bundesliga spielen und an der Sportschule Gesundheitssport und Prävention studieren würde, markierte das nicht nur eine große Veränderung in meinem Leben. Unser gesamtes Familiengefüge begann damals zu bröckeln – mit einer Diagnose, die mein Vater zu dieser Zeit bekam, die sich aber bereits viele Jahre vorher angekündigt hatte, an einem grauen Tag Ende Februar 2003.

Es war ein milder Winter gewesen, kaum Schnee, dafür umso mehr Regen. Auch heute nieselte es. Der Himmel war wolkenverhangen und die klammen 4 Grad Celsius hätten sich unangenehm anfühlen können, wenn ich nicht so gute Laune gehabt hätte. Es war Faschingssonntag und ich war mit Papa unterwegs zur Party unseres Fußballvereins. Wir hatten Schminke im Gesicht, ich trug ein Ninja-Kostüm, wie immer, wenn ich keine Lust darauf hatte, als Geist zu gehen.

Papa war für die Getränkekasse eingeteilt, ich durfte mit meinen 13 Jahren aushelfen, wenn nötig, hatte aber grundsätzlich keine festen Aufgaben. Das hieß: mit den anderen herumalbern, sich über die Karnevalslieder lustig machen und dagegen protestieren, in die Polonaise-Schlange hineingezogen zu werden, um es dann doch ganz lustig zu finden.

Ich wechselte mehrfach zwischen Getümmel und Getränkestand, schaute immer mal wieder, ob mein Vater Unterstützung brauchte. Durfte ich tatsächlich helfen, freute ich mich, ich fand es aufregend, mit echtem Geld zu hantieren und etwas zu verkaufen.

Doch während ich mal wieder neben Papa vor mich hin werkelte, Bestellungen annahm und Münzen herausgab, bemerkte ich, dass etwas nicht stimmte. Papas Arm schien nicht richtig zu funktionieren. Zeitweise konnte er ihn kaum anheben. Er schien ihm nicht mehr zuverlässig zu gehorchen. Zwar überspielte er das geschickt, indem er die Hand auf der Tischplatte ablegte, sodass es niemandem auffiel – zumindest sagte niemand etwas –, dann aber schien auch seine Zunge auf einmal nicht mehr richtig zu wollen. Er lallte. Ganz leicht, man hätte es auch auf ein Bierchen zu viel schieben können, ich aber wusste, dass er noch gar keines getrunken hatte. Das machte er nie, wenn es um etwas ging, in das Geld involviert war. Auf das passte er auf, fast so, als übertrage er den sparsamen, achtsamen Umgang mit Finanziellem von unserer Haushalts- auf die Vereinskasse … oder jede andere, hinter der er aushalf. Mir war das mit dem Arm und der Zunge unheimlich, ich konnte es nicht einordnen, in meiner Erinnerung hatte mein Vater nie etwas Schlimmeres als einen blauen Fleck nach einer Partie Fußball gehabt.

»Papa, ist alles okay?«, fragte ich vorsichtig, als könnte ich seine Körperteile verschrecken und komplett lahmlegen, wenn ich zu laut sprach.

Da ich nicht wusste, was ich tun oder wie ich mich verhalten sollte, und mir damals, im frühen Teenageralter, Warnzeichen eines Herzinfarkts gänzlich unbekannt waren, war ich froh, dass inzwischen Freunde, die mit uns am Stand arbeiteten, ebenfalls bemerkten, dass etwas nicht stimmte. Sie riefen meine Mutter an. Die kam kurz darauf mit dem Auto, um meinen Vater abzuholen: »Ich fahre mit dem Papa jetzt kurz ins Krankenhaus«, beschied sie mir, und dass ich auf dem Faschingsball bei den Freunden bleiben sollte, was ich folgsam und verunsichert machte. Es war eine seltsame Situation. Mama war anzusehen, dass etwas nicht in Ordnung war. Allerdings hatte Papa sich schon wieder etwas gefangen. Krankenhaus war aber nie gut. *War es doch was Schlimmes?* – so polterten meine Gedanken durcheinander.

In der Klinik wurde festgestellt, dass Papa einen Herzinfarkt gehabt hatte, der seinerseits einen Schlaganfall auslöste. Den ersten Schlaganfall von insgesamt dreien. Nach dem Vorfall am Faschingstag blieben meinem Vater dauerhafte Lähmungserscheinungen, er war richtig schwach auf den Beinen und hatte über der Brust zwei riesengroße Narben, vor denen ich mich jedes Mal erschrak, wenn ich sie sah. Nach dem dritten Schlaganfall, einem sogenannten stummen mit kaum merklichen Symptomen, einige Jahre später, verlor er die Fähigkeit, Farben zu sehen.

Der Papa, wie ich ihn kannte, war verschwunden. Der starke Mann, der Getränkekisten lupfte und so unbefangen mit meinen Freunden Witze riss, dass es mir manchmal peinlich war, war ins Wanken geraten. Aber er ließ sich nie etwas anmerken, da war keine Trauer oder irgendeine andere Gefühlsregung. In seiner Wahrnehmung war er der Mann im Haus. Nach wie vor. Also musste er stark sein, auch wenn er hilflos war.

Wie es ihm wirklich ging, weiß ich nicht. Wir haben nie darüber geredet.

Seinen Job als Elektriker musste Papa aufgeben. Einerseits wegen der körperlichen Einschränkungen, andererseits, weil fehlende Farbsichtigkeit in einem Beruf, in dem die Kabelfarben über funktionierende Stromführung oder Kurzschluss entscheiden, ein absolutes Ausschlusskriterium ist.

Er war ohnehin kaum mehr belastbar. Auch zu meinen Spielen – ich war mittlerweile beim VfL Sindelfingen – fuhr er mich nicht mehr und war nur noch ab und zu dabei. Die Vater-Tochter-Zeit im Auto war vorbei, und ein wenig fehlten mir sogar die Songs von Wolfgang Petry. Papa blieb zwar im Verein; Ehrenämter zu übernehmen, schaffte er allerdings nicht mehr, ebenso wenig, wie den Schiedsrichtern die Meinung zu geigen, was er zuvor mit so großem Einsatz getan hatte, dass er streckenweise die Spiele gar nicht mitbekam.

Das Band, das unsere gemeinsame Leidenschaft für den Fußball um uns gelegt hatte, hielt jedoch auch in dieser schwierigen Phase. Jetzt saßen wir eben samstagabends vor dem Fernseher, statt sonntagnachmittags auf der Bank oder im Auto. Der Sport war die eine Sache, die gleich geblieben war, während alles andere sich verändert hatte.

Vier oder fünf Jahre war Papa zu Hause, dann hatte er sich weit genug erholt, um einen Minijob anzunehmen: Er transportierte als eine Art Taxi Postsäcke von A nach B. Kurz schien sich die Welt, wie ich sie vor dem Schlaganfall gekannt hatte, wieder zusammenzufügen; zumindest ein bisschen. Ich mochte es, dass Papa unter der Woche nicht mehr fort war und ich beide Eltern um mich hatte, wenn ich abends heimkam. Die doppelte Nestwärme tat mir gut, denn das Pendeln zwischen Schule und Training sowie das späte Heimkommen aus Sindelfingen machten mir zu schaffen. Wenn ich zu Hause war, war ich müde oder hungrig, auf jeden Fall aber mit mir beschäftigt. Sonst hätte ich vielleicht genauer hingeschaut und gesehen, was meiner Mutter schon vor einer ganzen Weile aufgefallen war: Papa hatte verlernt, zu rechnen. Und das war kein gutes Zeichen.

Früher hatten wir uns mit Mathe-Knobeleien gegenseitig herausgefordert: Er hatte sich Aufgaben für mich überlegt, ich mir für ihn. Als er mich nun ständig bat, seine Stundenzettel für ihn zusammenzurechnen, dachte ich mir nichts dabei und war eher genervt, dass er immer noch zu denken schien, er müsste Mathe mit mir üben. Vielleicht war er auch einfach nur ein bisschen denkfaul geworden. Dass mehr dahinterstecken könnte, wäre mir nie in den Sinn gekommen. Mama aber begann bereits, Vollmachten und Testament zu klären, Überweisungen von seinem auf ihr Konto zu übertragen. Sie ahnte da schon, dass das nicht nur eine Konzentrationsschwäche war. Sie bereitete sich stückchenweise darauf vor, irgendwann allein zu sein. Denn Oma hatte einige Jahre zuvor genau die gleichen Symptome gezeigt.

KAPITEL 11

MUSKELKATER OHNE ENDE

6.30 Uhr. Der Wecker klingelte. Noch bevor ich die Augen aufmachte, spürte ich, wie mein Körper protestierte. Jeder Muskel tat weh, ich mochte mich nicht bewegen. Nicht jetzt schon. Ein, zwei Tage einfach liegen bleiben. Das wär's. Aber das war keine Option.

Seit ein paar Wochen lebte ich in Potsdam und absolvierte neben meinem Job im Tor des Erstligisten und Champions-League-Gewinners FFC Turbine Potsdam ein duales Studium für Gesundheitsmanagement und Prävention. Das bedeutete, um 7.30 Uhr für eine Stunde in die Schule, danach ins Training – Kraft und Athletik. Anschließend bis 16 Uhr wieder in die Schule, 16.30 bis 18 Uhr Training auf dem Platz, duschen, essen, lernen, schlafen. Am Wochenende Spiel. Aber das Schlimmste war der Muskelkater, manchmal verzweifelte ich schon beim Gedanken daran, auf die Toilette gehen und mich hinsetzen zu müssen. Mich im Torwarttraining auf den Boden werfen? Unvorstellbar. Aber in einigen Stunden, zu Trainingsbeginn, unvermeidlich.

Mein Körper machte mir vor allem in der Anfangszeit bei Turbine sehr deutlich, dass er mit dieser Taktung überfordert war. Zuvor, in der 2. Liga beim VfL Sindelfingen, hatten wir zweimal die Woche trainiert. Mehr war nicht drin, da die meisten Spielerinnen neben dem Sport berufstätig waren. Nun trainierte ich von jetzt auf gleich jeden Tag mehrmals, musste das erste Mal in meinem Leben ins Fitnessstudio.

Bevor ich nach Potsdam gegangen war, hatte ich mich sehr gründlich damit auseinandergesetzt, was das – ein Verein in der 1. Bundesliga – in puncto körperlicher und mentaler Anforderungen bedeuten würde. Ich war darauf vorbereitet, ans Limit zu gehen und darüber hinaus, und mir war klar, dass es richtig hart werden würde. Aber die Realität übertraf wirklich all meine Erwartungen.

Was für ein krasser Unterschied Potsdam zu Sindelfingen war, körperlich und für den Kopf, merkte ich ab dem ersten Tag sehr deutlich. Die Muskelschmerzen klangen gar nicht mehr ab, ich war ständig müde, und mit der Müdigkeit wurde ich dünnhäutig und emotional.

Es war das erste Mal, dass ich getrennt von meiner Familie lebte, und ich vermisste sie sehr. Obwohl ich seit mittlerweile zehn Jahren im Ausland spiele, bin ich immer noch in engem Kontakt mit meinen Lieben. Fast jeden Tag telefoniere ich mit meiner Mutter, wir haben seit Jahren einen sehr aktiven Familienchat auf WhatsApp und in den stelle ich vor jedem Spiel ein Video vom Stadion. So habe ich das Gefühl, zu wissen, was in deren Leben los ist, ich lasse sie an meinem teilhaben und die Bindung ist trotz vieler Tausend Kilometer zwischen uns noch immer stark.

Damals, mit Anfang 20, konnte ich mir das aber noch nicht vorstellen. Zwar hatte ich davon geträumt, einmal in der 1. Fußball-Bundesliga zu spielen, aber in meiner Vorstellung war das in einem Team wie Hoffenheim, etwa eineinhalb Autostunden von zu Hause weg, wo ich selbst unter der Woche schnell mal hätte vorbeischauen können. Jetzt war ich sechs Stunden entfernt und litt unter großem Heimweh. Dass es so kommen würde, war mir klar gewesen, und eigentlich hatte ich deshalb Turbine absagen wollen. Doch meine Mutter warf mich zu Hause geradezu raus. Die Aussicht auf eine Berufsausbildung neben dem Fußball überzeugte sie, ihr war es wichtiger denn je, dass ich »etwas Sicheres« hatte, das mich finanziell auffing, wenn es mit dem Fußball nicht klappen sollte. Denn in unserer Familie grassierte die Arbeitslosigkeit: Mein Vater war krank und teils nicht, teils nur sehr eingeschränkt arbeitsfähig, meine Mutter hatte ihren Job verloren und trotz Dutzender Bewerbungen noch nicht einmal ein Vorstellungsgespräch gehabt, ebenso die beiden Schwiegersöhne. Leere Geldbeutel und Konten im roten Bereich gehörten zum Alltag.

»Ein Kreuzbandriss, und es ist vorbei mit dem Fußball«, beharrte sie. »Du gehst da jetzt hin und machst das. Ich will dich hier nicht mehr haben. Du bist 21!«

Ich nahm ihr das furchtbar übel, und unter diesem Konflikt litt unsere Beziehung. Die ersten Monate in Potsdam war unsere Interaktion, so es denn eine gab, sehr angespannt. Hatten wir bisher immer ein gutes Verhältnis und uns etwas zu erzählen gehabt, fühlten sich Gespräche am Telefon nun bemüht an oder fanden gar nicht erst statt.

Meine Enttäuschung darüber, in diese Knochenmühle geschubst worden zu sein, nicht selbst entscheiden zu dürfen, ob ich ausziehen wollte, konnte ich einfach nicht verbergen; und ich hatte vor lauter Überforderung keine Kapazitäten, um zu erkennen, dass Mama mich nur weggeschickt hatte, weil sie es gut mit mir meinte: Sie wollte mich beruflich und finanziell absichern. Einerseits. Andererseits wollte sie mich aber auch davor bewahren, unmittelbar mitzubekommen, wie Papa gesundheitlich abbaute. Das tat er zu dieser Zeit merklich. Ich aber rotierte nur darum, wie ausgelaugt, schmerzgeplagt und verlassen ich war.

Wer müde ist, kann nicht richtig denken. Und mit Muskelkater ist man kein glücklicher Mensch. Das bekam Mama zu dieser Zeit deutlich zu spüren. Erstmals zweifelte ich ernsthaft daran, ob ich das mit dem Fußball durchziehen wollte. Mehrfach. Manchmal kramte ich dann meine Klarinette heraus. Als ich in der zweiten oder dritten Klasse war, hatte meine Mutter beschlossen, dass es sinnvoll sei, sich neben dem Sport auch mit Musik zu beschäftigen. Sie meinte, Musik könne beruhigen. Auch kleine Zappelphilippe wie mich.

Mein Ururgroßvater mütterlicherseits war Musikkapellmeister beim Militär und dann fast 40 Jahre Chormeister in der katholischen Kirche gewesen. Mein Großonkel war ebenfalls sehr musikalisch, und ein bisschen schien auch ich davon vererbt bekommen zu haben. Zuerst lernte ich Flöte, und tatsächlich machte mich das ruhiger, es brachte mich zum Sitzen und dazu, mich auf eine Sache zu konzentrieren. Irgendwann konnte ich es meiner Meinung nach aber gut genug. Also nahm mich Mama eines nachmittags mit in die örtliche Musikschule. Dort war eine Art Tag der offenen Tür, die Besucher durften die Instrumente ausprobieren, die sie interessierten. Anfangs hatte ich keine Ahnung, welche das sein könnten. Mama jedoch schubste mich mehr oder weniger subtil in Richtung Blasinstrumente. Sie fand es gut, wenn ich etwas im Mund hatte, da ich eine katastrophale Sängerin war. Es wurde schließlich die Klarinette, und ich spielte viele Jahre im Eislinger Musikverein. Meist stand oder hing ein Mikrofon in meiner Nähe, bei Auftritten auf dem Weihnachtsmarkt zum Beispiel. »Sie war schon als Kind eine gute Taktgeberin«, sagt mein Opa. Als mir das Üben neben Schule und Training zu viel wurde, hörte ich auf mit dem Instrument. Doch in Potsdam und auch danach noch in Paris, half mir das Klarinettespielen aber hauptsächlich dabei, Ruhe zu finden und mich weniger einsam zu fühlen.

Langsam aber wurden meine Muskeln stärker und mit ihnen auch der Wille, es in Potsdam zu schaffen. Das hier war meine Arbeit, ich wurde dafür bezahlt – genau das hatte ich mir immer gewünscht und Leuten wie meiner Sportlehrerin beweisen wollen. Nun zu kapitulieren, weil die Muskeln dem Kopf einreden wollten, dass sie nicht mehr können, wäre mehr als dumm. Also nahm ich den Kopf runter, schaltete den Verstand aus und machte einfach, ohne lange nachzudenken. Ich biss mich durch die verhassten Krafteinheiten mit Gewichtsweste und Medizinball. Schluckte Trainerkommentare wie »Echt jetzt, Anne, den fängt doch sogar meine Oma im Sitzen«, und Woche um Woche gewöhnte ich mich mehr an die Abläufe bei Turbine.

So sehr ich die Trainingsinhalte manchmal verfluchte, der Erfolg gab den strengen Methoden unseres Trainers Bernd Schröder schließlich recht: Gleich mein erstes Spiel, am 21. August 2011 gegen den Hamburger SV, gewannen wir 4:0. Die Hanseatinnen hatten gegen unsere Defensive keine Chance. Wieder und wieder prallten sie wie gegen eine Wand, und als sich in der 23. Minute HSV-Angreiferin Jessica Wich doch einmal durchmogelte, war ich da und parierte sicher. Als wäre es das Selbstverständlichste der Welt. Und genauso fühlte es sich auch an.

Die Stimmung im Karl-Liebknecht-Stadion war unbeschreiblich und ließ keine Fragen offen, warum die Turbine-Fans als die verrücktesten der Liga galten. 2800 Leute waren vor Ort, machten aber Lärm, als wären die mehr als 10 000 Sitze allesamt belegt. Auch wenn ich in diesem Spiel aufgrund der starken Leistung meiner Teamkolleginnen kaum Ballkontakte hatte, war ich konzentriert und ruhig geblieben und etablierte mich dadurch bei Fans und Verein als zuverlässige Alternative zur verletzten Anna Felicitas Sarholz, der ersten Torhüterin. Mit Turbine Potsdam wurde ich 2012 Deutscher Meister und gewann 2014 den Hallenpokal, mein bis dahin größter Erfolg. In der Bundesliga bewegten wir uns konstant unter den Top 3 der Tabelle. Es hätte so weitergehen können. Es war gut. Aber ich wollte mehr.

KAPITEL 12

ALS PAPA SICH VERLOR

Während ich in Potsdam mit meinem Alltag und dem Muskelkater rang, kämpften meine Eltern zu Hause in Eislingen einen ganz anderen Kampf. Nach seiner Rechenfertigkeit verlor mein Vater immer mehr auch die Fähigkeit, in fließend zusammenhängenden Sätzen zu sprechen. Erzählte er Mama, was er tagsüber bearbeitet hatte, klang es stichpunktartig abgehackt, als ginge er ein Protokoll in seinem Kopf durch. Eine Liste, die sich zu verschieben und neu zu sortieren schien, während er sprach. Immer wieder brachte er Dinge durcheinander, vergaß Begriffe oder hörte mitten im Satz auf weiterzusprechen. Bei meiner Oma war es genauso gewesen, meine Mutter wusste, dass dies Anzeichen einer Demenzerkrankung sein können, auch wenn sie das noch nicht wahrhaben wollte. Demenz hatten alte Leute, und mein Vater war nicht alt.

Um Sicherheit zu bekommen, machte Mama einen Termin beim Neurologen. Das war gar nicht so einfach, da die Patientenkarteien der Fachärzte schon Anfang der 2000er prallvoll und die Termine rar waren. Meinen Papa, der Praxisbesuche nur dann für notwendig hielt, wenn einem ein Arm oder ein Bein abgefallen war, stellte sie vor vollendete Tatsachen: »Du musst zum Arzt, da stimmt was nicht. Hier ist dein Termin.« In der Praxis musste mein Vater verschiedene Aufgaben lösen, unter anderem einen Uhrentest. Der Neurologe legte ihm einen Zettel mit einem leeren Kreis in der Mitte hin und bat ihn, erst das Ziffernblatt und dann eine bestimmte Uhrzeit einzuzeichnen. Das klingt einfach, ist aber für Menschen mit kognitiver Beeinträchtigung schwer, da die korrekte Ausführung räumliche Wahrnehmung, Verstehen der Aufgabe und visuelles Gedächtnis erfordert. Diese Fähigkeiten können bei Menschen mit Demenz schon in einem frühen Stadium beeinträchtigt sein.

Einige Betroffene setzen die Ziffern wild durcheinander oder in willkürlichen Abständen. Andere platzieren die Zeiger überall, nur nicht in der Mitte des Kreises oder können sich erst gar nicht daran erinnern, was sie tun sollen.

Bei meinem Vater lief es ähnlich. Am Ende der Untersuchungen stand die Diagnose Alzheimer. Auch diese Erkrankung, in seinem Fall eine sogenannte vaskuläre Demenz, wird wahrscheinlicher bei Menschen, die einen stummen Infarkt hatten. Mamas Verdacht hatte sich bewahrheitet, sie hatte die Symptome ihrer Mutter, meiner Fan-Oma, auf Papa richtig umgedeutet. Oma war vor ein paar Jahren mit Demenz verstorben und hatte zu Beginn der Erkrankung ähnliche Testergebnisse gehabt.

Richtig begriffen, dass Papa Alzheimer habe und was die Diagnose bedeute, habe sie aber erst, als sie das Medikament abholte, erzählte Mama mir später. Die kleine Pappverpackung in ihrer Hand, die sie vom Apotheker über den Tresen gereicht bekommen hatte, machte die Krankheit für sie greifbar und damit irgendwie real.

Auch Papa, so glaubt sie, habe schon lange gewusst, dass etwas nicht in Ordnung sei mit seinem Kopf. »Er wollte immer dabei sein, selbst wenn der Arzt ausdrücklich darum bat, allein mit mir zu sprechen«, erinnert sich Mama an diese Zeit. Er bestand darauf, bei jedem Arztgespräch mit im Raum zu sein, und wollte hören, was der Neurologe zu sagen habe. Bis heute sind Mama und ich nicht sicher, wie viel davon wirklich zu ihm durchgedrungen beziehungsweise hängen geblieben ist. Doch vielleicht ist es auch gar nicht so schlecht, etwas gleich wieder zu vergessen, das unabänderlich ist.

Mama, unsere Strippenzieherin und Familienkoordinatorin, hatte uns Töchter mehr oder weniger subtil aus dem Haus komplimentiert, als ihr klar wurde, was mit Papa los sein könnte. Meine älteste Schwester Nicole war schon mit 19 Jahren ausgezogen, auch Kerstin, die mittlere, lebte ab 2002 oder 2003 dauerhaft nicht mehr zu Hause – nun war ich ebenfalls weit weg von daheim und saß schmollend in Potsdam. Mama war das nicht leichtgefallen, doch sie wollte nicht, dass wir jeden Tag damit konfrontiert wurden, wie unser Vater geistig abbaute. Und das ging am Ende ziemlich rapide. Die ersten Jahre ließ sich der Alzheimer mit den verschriebenen Medikamenten gut kontrollieren. Papa konnte weiterhin arbeiten gehen, war auch noch öfter bei Fußballspielen dabei, obwohl er im Stadion, seinem ehemaligen Lieblingsort gleich nach dem Sportplatz des Eislinger Fußballvereins, zunehmend desorientiert wirkte und von den vielen Menschen verängstigt war. Um 2012 herum, in meinem zweiten Jahr in Potsdam, wirkten die Tabletten dann nicht mehr. Mama konnte fast dabei zusehen, wie er ganz alltägliche Fähigkeiten verlor: sich anziehen, Zähne putzen, ein Brot streichen, eine Runde um den Block gehen, ohne sich zu verlaufen, oder einkaufen.

Er bekam Schlafprobleme, brachte Tag und Nacht durcheinander und hielt damit auch Mama wach. Sie arbeitete inzwischen wieder, war aber trotzdem entschlossen, sich um ihn zu kümmern. Also stand sie um sechs Uhr auf, um Papa fertig zu machen, fuhr um sieben in die Arbeit, und wenn sie am frühen Nachmittag zurückkam, kochte sie für ihn, ging mit ihm spazieren oder beruhigte ihn nachts, wenn er aufgeregt war, weil es »tagsüber« doch nicht dunkel sein durfte.

Der Schlafentzug und die Doppelbelastung durch Beruf und Pflege zehrten an Mamas Energiereserven. Nie hätte sie sich beschwert, aber wir drei Töchter zwangen sie schließlich 2015 geradezu, Papa in Pflege zu geben. Es war schwer für sie, ihren Ehepartner, mit dem sie zusammen war, seit sie 17 Jahre alt war, in ein Heim zu geben. Aber dieses eine Mal ließen wir drei nicht mit uns reden. »Mit Papa geht es schon bergab. Wir brauchen nicht zwei Elternteile, die durch die Krankheit kaputtgehen«, war schließlich unser Argument, das sie einlenken ließ.

Zu diesem Zeitpunkt war die Demenz so weit fortgeschritten, dass ihn sogar der Fußball verwirrte. Papa verstand eine Sportart nicht mehr, in der er früher jeden Spielernamen, jede Tabellenposition und jede Gelbe Karte parat hatte. Als meine Mutter mit ihm zum Champions-League-Finale 2015 nach Berlin reiste, wo ich mit Paris Saint-Germain antreten würde, war er unruhig und hatte Angst. Es war ganz deutlich, dass er sich im Stadion unter all den Menschen nicht wohlfühlte. Seine blauen Augen, die immer so gestrahlt hatten, waren stumpf. Dieses Spiel, bei dem ich auf der Bank saß, war sein letztes. Er starb 2016.

MARSEILLE, 3. AUGUST, 21.06 UHR, STADE VÉLODROME

Für Feldspielerinnen sind Elfmeter eine große Sache. Sie müssen treffen. Aus ganz kurzer Distanz. Sie stehen komplett allein vor dem Tor, die Torhüterin erscheint winzig vor dem gähnend weiten, ungeschützten Netz zwischen den Pfosten. Jetzt den Ball nicht reinzumachen, wäre eine Niederlage. Also gibt jede ihr Bestes.

Doch ich bin ein Mast zwischen Masten. Wie stabil ich stehe, kann den Unterschied machen, ob der Elfmeter verwandelt wird oder nicht. Nicht zu zappeln bei dieser Eins-gegen-eins-Situation, gelingt mir nicht immer. Zwei Bälle sind heute schon an mir vorbei ins Netz gezischt. Noch aber ist das letzte Wort darüber, ob wir nach Hause fliegen oder ins olympische Halbfinale einziehen, nicht gesprochen. Wir haben noch eine Chance. Doch die Kanadierinnen sind sehr lebendig gewesen. Viel zu lebendig.

Beim Elfmeterschießen habe ich mich zur Ruhe ermahnt, jedes Mal, wenn eine kanadische Spielerin den Ball auf den Elfmeterpunkt gelegt hat. Das Wissen, dass ich als Torhüterin beim Elfmeterschießen die deutlich komfortablere Position im Vergleich zu den Feldspielerinnen habe, floss von meinem Kopf in meinen Körper, ließ die Schultern locker werden, meine Füße fest in den Rasen sinken. Ja, alle schauten auf mich. Aber das gehört dazu. Ich bin daran gewöhnt, mich vor Leuten zu bewegen, seit ich in der Grundschule mit dem Ministrieren angefangen habe und im Gottesdienst öfter etwas vorgelesen habe. Dass ich irgendwann den Priester um einen Kopf überragte und dadurch noch sichtbarer wurde, störte mich nicht. Es war das, was der »Job« erforderte.

Genau wie hier, in dieser Elfmetersituation. Außerdem erwarten hier mindestens 50 Prozent der Zuschauer, dass der Ball sowieso reingeht. Tut er das, habe ich als Torhüterin die Erwartungen erfüllt. Niemand ist ernsthaft enttäuscht, rede ich mir ein. Tut er es nicht, übertreffe ich die Erwartungen und überrasche alle.

Bei den beiden Bällen, die ich halte, explodiert das Stadion und kurz erlaube ich mir, den Jubel wahrzunehmen, zu bemerken, wie laut es ist, bevor ich im Geist wieder die Hände über die Ohren lege und den Tumult ausblende. Auch als ich die Seite wechsle, um den fünften deutschen Elfmeterversuch selbst zu schießen, den letzten, wenn alles gut geht, habe ich eher das Gefühl, ein Tor durch mich sei ein Bonus, kein Muss. Zu sehr scheinen die Zuschauer momentan mit der Frage beschäftigt, warum ich, die Torhüterin, diesen Schuss setze, als dass sie sich darum kümmern, was ich aus diesem Schuss mache.

Ich stelle mich auf und schieße. Schieße den Ball ins Tor und damit nicht nur die deutsche Frauennationalmannschaft ins Halbfinale, sondern auch mich in die Schlagzeilen: »Ann-Katrin Berger wird Heldin im Elfer-Drama«, titelt die BILD. *»Von der Nummer zwei zur Elfmeter-Heldin«, schreibt die Sportschau.*

Aber ich bin keine Heldin. Ich mag das entscheidende Tor gemacht haben, doch alles, was darauf hingeführt hat, ist nicht mein Verdienst.

120 Minuten lang haben die anderen ihre Arbeit für die Mannschaft geleistet. Um die 128. Minute herum habe ich das dann getan. Wie es der Coach verlangt hat. Ich habe meinen Job erledigt, wie es jeder tut, der ins

Büro geht. Aber ich gebe zu, es war ein verdammt cooler Tag im Büro.

KAPITEL 13

FOKUS MIT WEITBLICK

Der Weg in die deutsche Fußballnationalmannschaft führt normalerweise über das Fördersystem des DFB. Auch ich war gesichtet und eingeladen worden, als Torhüterin und Stürmerin. Da war ich 14 Jahre alt. Allerdings kam ich nicht weit, die Koordinatoren waren sich einig, dass ich als Torhüterin zu klein und als Stürmerin nicht gut genug war. Das mit der Größe stimmte in dem Alter tatsächlich, ich maß maximal 1,68 Meter, und ich war ein bisschen traurig, dass ich so schnell aussortiert worden war.

Lange hielt die Enttäuschung aber nicht an, unter anderem, weil mir zu diesem Zeitpunkt überhaupt nicht klar gewesen war, dass das Förderprogramm mein Ticket in die Nationalmannschaft hätte sein können und dass ich mir mit der Absage diese Möglichkeit nun wahrscheinlich verbaut hatte. Ähnlich wie viele Jahre später bei der Begegnung mit dem mir noch unbekannten Theo Zwanziger. Mir ging es mit 14 – wie auch zuvor – in erster Linie darum, überhaupt Fußball spielen zu dürfen, und das durfte ich im Verein auch. Vielleicht sogar freier, als ich das in den DFB-Strukturen je gekonnt hätte. Denn natürlich gibt es dort Abläufe, Richtlinien und Ideale. Ich wäre sehr früh in eine Schublade gesteckt und nach Verbands-Vorgabe geformt und spezialisiert worden. Abseits der offiziellen Förderung konnte ich nun meinen eigenen Weg gehen und meinen eigenen Stil entwickeln. Ich wollte mir den Beruf, die Techniken und Kniffe, selbst erschließen und sie so zusammensetzen oder abändern, wie sie für mich am besten funktionierten. Natürlich wollte ich Torhüterin sein. Aber eine, die anders ist.

Dieser Wunsch war mit ein Grund für mich, ins Ausland zu gehen. Dass ich diese Möglichkeit überhaupt bekam, habe ich meinem Manager Dietmar Ness zu verdanken, der damals noch nicht mein Manager war. Als ich in Potsdam unterschrieb, war ich jung, blauäugig und hatte nie darüber nachgedacht, dass jemand anderes als ich sich um meine Fußballkarriere kümmern könnte.

Doch als der Wunsch in mir aufkam, den Verein zu wechseln, stieß ich bereits an meine Grenzen. Potsdam hatte mich angefragt. Ich hatte keine Ahnung, was ich tun musste, um mich aktiv bei anderen Vereinen ins Gespräch zu bringen. Nicht einmal, wie ich sie kontaktieren sollte. Also begann ich, mich bei meinen Teamkolleginnen umzuhören. Dietmars Namen, der mehrfach fiel, kannte ich. Er hatte einige Spielerinnen aus meinem Team unter Vertrag. Ausgewählte Spielerinnen. Dass er mich als No-Name unter seine Fittiche nehmen würde, erschien mir undenkbar. Trotzdem fasste ich mir ein Herz und rief ihn an. Dietmar war offen und freundlich – und als er eine Woche später zu einer Vertragsunterzeichnung in Paris war, brachte er mich dort ins Gespräch.

Ich, die sich mit Anfang 20 noch nicht hatte vorstellen können, von zu Hause auszuziehen, und in Potsdam vor Heimweh zerflossen war, unterschrieb 2014 einen Vertrag mit Paris Saint-Germain; ohne auch nur ein Wort Französisch zu sprechen.

Das Angebot des französischen Teams allerdings war finanziell gut, und der Verein setzte auf eine spannende Mischung aus erfahrenen und aufstrebenden internationalen Spielerinnen. Es gab also einige Argumente für Paris, und ich brannte darauf, zu erfahren, wie andere Länder Fußball spielten und im Tor agierten: welche Taktiken sie einsetzten und wie die Teams zusammenarbeiteten.

Es war das erste Mal, dass Dietmar ein feines Gespür dafür zeigte, was ich gerade brauchte. Aktuell war es Erfahrung, die ich über das Training und die neue Liga sammeln würde. Später sorgte er dafür, dass ich diese Erfahrung bei Birmingham und heute in den USA in Spielpraxis umsetzen konnte. Immer stand und stehe dabei ich als Person im Vordergrund, nicht große Vereine oder viel Geld. Dietmar und ich sind über die Jahre sehr eng miteinander geworden. Er ist ein Freund geworden, Familie, ich habe ihm alles zu verdanken. Ohne ihn wäre ich nicht da, wo ich heute bin. Und seit meinem Wechsel nach Paris, wo er mich mehr oder weniger als kleinen Gefallen untergebracht hatte, war er nun auch offiziell mein Manager.

Die erste Herausforderung in Frankreich war allerdings bereits die Anreise. Ich fuhr ab Stuttgart mit dem Zug nach Paris, bepackt mit zwei koffergroßen Taschen. Der TGV hielt am Gare de Lyon, einem der bedeutendsten Bahnhöfe Europas und eine Sehenswürdigkeit von Paris. Auf den Bahnsteigen und in der Halle wimmelte es entsprechend von Menschen, die irgendwo hinwollten, herkamen oder einfach mal gucken wollten. Ich musste die Bahn nach Saint-Germain-en-Laye finden. Dort befand sich das Appartement, das der Verein für mich gemietet hatte. Doch ich kam mit der Ausschilderung überhaupt nicht zurecht, und die Passanten und Reisenden, die ich – auf Englisch – versuchte zu fragen, konnten oder wollten mir nicht weiterhelfen. Die meisten waren ziemlich in Eile. Googeln oder jemanden anrufen konnte ich nicht. Meine deutsche SIM-Karte verweigerte in Frankreich den Dienst.

Schließlich fand ich einen Taxifahrer, dem ich den Ausdruck mit der Adresse unter die Nase hielt und irgendwas sagte wie »Où« – wo. Er bedeutete mir den Weg zum richtigen Gleis, wo ich meine Taschen, schwankend unter deren Gewicht, hinschleppte. Dort angekommen, stellte sich heraus, dass aufgrund von Gleisarbeiten die Bahn nur bis Saint-Germain-des-Prés fahren würde, also eine Station früher enden würde. Ich war noch nicht einmal ganz angekommen und schon so gestresst, dass ich am liebsten wieder nach Hause gefahren wäre. Aber es half ja nichts. Ich stieg in die Bahn und hoffte, dass sich in des Prés schon jemand oder etwas finden würde, um mir weiterzuhelfen. Denn der Kartenausdruck mit der Wegbeschreibung zu meiner Wohnung, den PSG mir zugeschickt hatte, stimmte nun natürlich nicht mehr. Und der dargestellte Ausschnitt war zu klein, um mich anhand der Straßennamen neu zu orientieren.

Zögerlich betrat ich deshalb einen kleinen Laden in der Nähe der Bahnstation und fragte auf Englisch nach der Adresse. Das teilnahmslose Schulterzucken des Mannes hinter dem Tresen sollte wohl bedeuten, dass er mich nicht verstand. Auch im Nachbarshop schüttelte man erst den Kopf, als ich mein Anliegen vortrug. Zum Glück hatte mein Opa mir aber eingeschärft, dass ich ein paar Sätze Französisch können musste. »Das macht die Menschen offener, wenn sie merken, du bemühst dich«, hatte er gesagt. Nun war ich froh um das Zettelchen, das ich nun aus meiner Hosentasche kramte und auf dem auf Französisch stand, in welche Straße ich musste und ob er wüsste, wo das ist. Stockend und stolpernd las ich die Zeilen vor und beäugte unsicher die Reaktion des Shopbesitzers. Zu meinem Erstaunen lächelte er, nickte und erklärte mir in gutem Englisch, dass er mal nachsehen und mir die Wegbeschreibung ausdrucken würde. Mit dem Zettelchen in der Hand lief ich dann durch Saint Germain, verunsichert und angestrengt. Aber ich fand die Wohnung, und ich kam mit der Zeit in eine gewisse Alltagsroutine, auch wenn ich trotz zwei Stunden Französischunterricht pro Woche die Sprache nie richtig sprechen gelernt habe. Zumindest verstand ich, was der Trainerstab sagte, allerdings merkte ich dort die Sprachbarriere besonders. Im Team war ich hauptsächlich mit den anderen »Expats« zusammen – ein paar Spielerinnen waren aus Deutschland, ein paar weitere aus England. Wir unternahmen auch außerhalb des Sports ab und zu etwas miteinander, was schön war. Und da ich mich überall einlebe, wo ich ein gemütliches Sofa, ein bequemes Bett, einen Fernseher und eine Playstation habe, fühlte ich mich trotz der fehlenden Sprachkenntnisse bald in Frankreich zu Hause.

Da ich, wieder einmal, als zweite Torhüterin in die Mannschaft geholt worden war, also eher selten spielte, hatte ich die Möglichkeit, in Ruhe zu beobachten und zu lernen.

Die französische Frauen-Liga gehörte damals nicht zu den stärksten in Europa, die Intensität, taktische Disziplin und Körperlichkeit, die ich aus Deutschland kannte, waren hier kaum vorhanden. Bei PSG zeigten sich die Spielerinnen eher technisch versiert, das Spiel war auf Ballbesitz ausgelegt, der Spielaufbau kontrolliert mit präzisen Passspielen. Das wirkte sich auch auf die Anforderungen im Tor aus: Da die Schüsse flacher und weniger kraftvoll kamen, war eine gute Beinarbeit und geschicktes Stellungsspiel wichtiger, als den Ball mit den Händen sicher zu fangen. Das kann man sich ein bisschen wie im American Football vorstellen: Es gibt verschiedene Spielzugmöglichkeiten für die Spielerinnen auf dem Feld und entsprechende Optionen für mich, um mich zu positionieren. Kennt man sie und hat sie Dutzende Male gespielt, laufen sie ab wie automatisiert. Für ein gutes Stellungsspiel, also wie ich mich zum Ball positioniere, ist aber noch etwas anderes essenziell, und zwar ein ausgeprägtes peripheres Sehen. Im Fall einer Torhüterin bedeutet das, den Blick auf den Ball gerichtet zu haben, aber dennoch wahrzunehmen, was am Rand des Sichtfelds passiert, um darauf reagieren und sich entsprechend stellen zu können.

Bei einigen großen Clubs üben das die Torhüterinnen und Torhüter mittels bunter Leuchtknöpfe oder -sensoren. Auch ich habe das viel gemacht und es sehr geliebt. Diese Übungen kann man sich so ähnlich vorstellen wie das Maulwurfschlagen auf dem Jahrmarkt, wo der hölzerne Tierkopf schnell hintereinander aus unterschiedlichen Löchern guckt und man ihn mit dem Knüppel erwischen muss. Nur das Ganze eben mit Leuchtdioden und den bloßen Händen.

Soll heißen: Auf einer begrenzten Wandfläche sind die Lämpchen unterschiedlich angeordnet, zum Beispiel zwei oben, zwei unten, zwei mittig, und werden per Zufallsprinzip aktiviert. Ich stand auf halber Armlänge vor der Wand, musste den Blick stur geradeaus auf die Mitte der Wandfläche halten und möglichst schnell wahrnehmen, wo innerhalb des Areals eine Diode aufleuchtete. Die musste ich dann, ohne den Kopf zu bewegen, antippen, um sie zu deaktivieren. Das ging je nach Routine und Talent in unterschiedlicher Geschwindigkeit und mit verschiedenen Schwierigkeitsgraden. So war es beispielsweise möglich, die Anzahl an Leuchtpunkten zu erhöhen – bis auf zehn mal zehn habe ich es gebracht, da hat man schon ordentlich zu tun. Auch verschiedene Farben ließen sich einstellen, sodass ich nur reagieren durfte, wenn ein rotes Lämpchen aufleuchtete, nicht aber bei blauen.

Dieses Training, so wenig es auf den ersten Blick mit Fußball zu tun haben mag, machte für mich im Spiel einen riesengroßen Unterschied: Der Ball verwandelte sich mit der Zeit für mich fast schon automatisch zu dem mittigen Punkt an der Wand, auf den ich den Blick geheftet halten musste. Ihn durfte ich nicht aus den Augen verlieren, er war das Zentrum. Im erweiterten Blickwinkel, durch das verbesserte periphere Sehen, konnte ich nun aber gleichzeitig besser wahrnehmen, was die Spielerinnen rechts und links am Rand meines Sichtfelds machten. Wichtig ist das zum Beispiel, wenn eine Gegenspielerin aus der Distanz schießt und sich mehrere Spielerinnen zwischen ihr und dem Tor befinden. Wenn ich als Torhüterin den Ball nicht direkt sehen kann, wie in dieser Situation, hilft mir peripheres Sehen, um die Ausholbewegung und Schusshaltung der Schützin zu erkennen, die Richtung und Flugbahn des Balls zu antizipieren und die Position und Bewegung anderer Spielerinnen im Umfeld wahrzunehmen. Auch bei Abprallern muss ich schnell erkennen, wo um mich herum Spielerinnen stehen, die einen Nachschuss setzen könnten, ohne den Ball selbst aus den Augen zu verlieren. Noch heute übe ich mitunter mit portablen Leuchten vor Spielen.

Angefixt durch die neuen Erkenntnisse bohrte ich mich weiter in den Tunnel technischer Feinheiten, fand heraus, dass Gewicht und Umfang des Balls – er darf laut FIFA-Reglement zwischen 410 und 450 Gramm wiegen und 68 bis 70 Zentimeter umfassen – ihn anders fliegen lassen und ich je nach Modell mehr oder weniger Kraft aufwenden muss, um ihn in einer bestimmten Entfernung zurück ins Feld zu befördern. Ich recherchierte, dass sich die Materialbeschaffenheit, die Oberflächenstruktur sowie die Art und Position der Nähte auf die Aerodynamik des Balls und dessen Griff auswirken. Ein Ball mit glatter Oberfläche verändert zum Beispiel eher die Richtung im Flug, er »flattert« leichter aufgrund von Luftverwirbelungen, während einer mit strukturierter Haut stabiler fliegt.

Was diese Theorie in der Praxis bedeutete, probierte ich ausgiebig aus. Über Monate schnappte ich mir jeden Ball, den ich in die Finger bekommen konnte, und testete. Nach dem Training blieb ich auf dem Platz und experimentierte damit, wie es sich für mich anfühlen musste, wenn der Ball 10, 25 oder 50 Meter weit fliegen sollte; ich versuchte, ein Gespür dafür zu bekommen, wie stabil mein Oberkörper, wie angespannt meine Arm- und Schultermuskulatur sein musste, wie ich den Kopf halten und wie hart oder sanft und in welchem Winkel mein Fuß gegen das Leder schlagen musste, um den Ball möglichst genau dorthin zu bugsieren, wo er hinsollte. Noch heute nehme ich mir vor jedem Spiel ein paar Sekunden, um einige Grashalme aus dem Rasen zu rupfen und sie fliegen zu lassen, damit ich Windstärke und -richtung einschätzen kann. Denn auch die wirken sich natürlich auf den Ballflug aus.

Je vertrauter ich mit dem Stellungsspiel von PSG wurde, je routinierter im Einschätzen, wie sich der Ball wohl verhalten würde, desto mehr Selbstvertrauen bekam ich – und umso größer wurde der Wunsch, wieder regelmäßig auf dem Platz zu sein, auch in wichtigen Spielen und Turnieren.

Besonders stark spürte ich diesen Drang beim Champions-League-Finale 2015 gegen Frankfurt. Der Friedrich-Ludwig-Jahn-Sportpark in Berlin war ausverkauft, mehr als 17 000 Menschen wollten das Spiel sehen. Ein ungewohnter Anblick, in Paris waren die Ränge mit durchschnittlich 300 Zuschauern meist größtenteils leer, Stimmung kam im 80 000 Plätze fassenden Stade de France entsprechend meist nicht so richtig auf. In Sachen Frauenfußball herrschte an der Seine vornehme französische Zurückhaltung.

Um 18 Uhr wurde das Finale angepfiffen, es war ein sonniger Mai-Abend, als wir auf den Rasen traten. Ich bog gleich hinter dem Tunnelausgang ab und setzte mich auf eine der beiden weißen Bänke, die für die Ersatzspielerinnen und das

Betreuerteam bereitstanden. Es war das erste Mal, dass PSG im Champions-League-Finale stand, wir traten gegen die Rekordhalterinnen aus Frankfurt an und würden sicherlich nichts geschenkt bekommen. Im Gegenteil.

Irgendwo hinter mir, unter dem vorspringenden Dach, das mit den vielen Scheinwerfern am First aussah wie ein überdimensionierter Safari-Truck, saßen meine Eltern. Wenn Papa überhaupt sitzen bleiben würde, er hielt das nicht mehr lange aus, hatte eine große Unruhe in sich, war rastlos. Ein typisches Symptom fortschreitender Demenz. Lärm und Menschenmassen machten ihm Angst. Für Mama würde es anstrengend werden. Aber sie nahm das auf sich, um mich zu unterstützen, auch wenn ich gar nicht spielen würde. Ich war froh darüber, dass sie beide da waren, ließ den Blick kurz über die Tribünen schweifen, entdeckte sie jedoch nicht.

Von Anfang an machte Frankfurt klar, wer die stärkere Mannschaft war. Es gab viele intensive Zweikämpfe, also genau das, was PSG normalerweise nicht machte. Unsere Abwehr hatte alle Hände voll zu tun, um Frankfurt vom Tor wegzuhalten. Etwa eine halbe Stunde lang gelang das gut, dann bauten die Frankfurterinnen Druck auf. Kerstin Garefrekes gelang eine scharfe Hereingabe, eine Flanke, die ihre Teamkollegin Célia Šašić erreichte. Die stieg hoch, köpfte den Ball – und machte das 0:1.

»Fuck!«, schimpfte ich leise auf der Bank. Ich hatte gewusst, dass dieser Ball reingehen würde. Unsere Torhüterin Katarzyna Kiedrzynek hatte sich zu weit aus dem Tor locken lassen. Ein Fehler, in dieser Situation hätte sie die Ruhe bewahren, weiter hinten bleiben, die Ballführende im Blick behalten und gleichzeitig im seitlichen Sichtfeld die Anlaufbewegungen von potenziellen Angreiferinnen wahrnehmen müssen. Dann hätte sie sehen können, wo der Ball nach der Hereingabe hinging, hätte die Raumdeckung unserer Abwehr und die Stellung von

Célia Šašić erkannt und gewusst, dass sie nicht noch weiter nach rechts vorrücken durfte, weil sonst links das Tor nicht mehr abgedeckt war. Genau dort war der Ball schließlich ins Netz gegangen. *Fuck*, dachte ich nochmals, *bei mir wäre er nicht drin gewesen*. Ich war ganz sicher, dass ich es anders gemacht hätte.

Tatenlos zusehen zu müssen, war immer schwer für mich, besonders jedoch heute, in einem Stadion in meinem Heimatland, das nur eine gute Autostunde von meinem vorherigen Verein Turbine Potsdam entfernt war, und mit meinen Eltern unter den Zuschauern. Es kämpften so viele Emotionen in mir – ich war enttäuscht, wütend, motiviert, verzweifelt und wieder motiviert – und ich wäre froh gewesen, wenn ich all diese Gefühle zur Seite schieben und mich auf die Arbeit im Tor hätte konzentrieren können. Mir fehlte es, zu spielen. Generell und in diesem Moment besonders.

Noch hatte ich mich nicht ganz durch meinen After-Tor-Blues gearbeitet, da ging schon ein Raunen durch die Menge. Jubel, Applaus brandete auf. Das zweite Tor war gefallen, diesmal für uns: Ein kurz ausgeführter Eckstoß war bei Kenza Dali gelandet, die hatte in den Strafraum gepasst, wo Marie-Laure Delie den Ball angenommen und ebenfalls mit dem Kopf ins Netz gefeuert hatte. PSG-Flaggen kreisten über den Sitzen. Mein Herz hämmerte freudig. Vielleicht hatten wir ja doch eine Chance?

Katarzyna hielt sich in der zweiten Halbzeit gut, klärte mehrfach kritische Situationen, wir spielten insgesamt stärker, verteidigten kompakt und machten es den Frankfurterinnen etwas schwerer. Aber unser Widerstand führte nur dazu, dass sie noch körperlicher wurden. In der 81. und 87. Minute gingen zwei ihrer Schüsse nur knapp am Tor vorbei. Besorgt schielte ich auf das Board, auf dem gleich die Nachspielzeit anzeigt würde: vier Minuten. 240 Sekunden, in denen alles passieren konnte. Und in denen am Ende das passierte, was ich befürchtet, aber am wenigsten gewollt hatte: In der zweiten Minute der Nachspielzeit gelangte ein langer Pass von der Frankfurterin Dzsenifer Marozsán per Kopfball in den Strafraum, wo er verlängert und zu Mandy Islacker gespielt wurde. Die reagierte blitzschnell, nahm den Pass mit dem Außenrist an und platzierte ihn im langen Eck. 1:2. Wie der Ball fliegen würde, war schwer einzuschätzen gewesen. Katarzyna war erneut leicht aus dem Tor gegangen, als er in den Strafraum gelangte. *Nein, das ist gefährlich, da steht noch eine*, dachte ich panisch – und prompt war der Ball auch schon an Mandys Fuß. Katarzyna schaffte es nicht schnell genug zurück, um den Schuss zu parieren.

Ich saß auf der Bank wie festgetackert, den Kopf in die Hände gestützt und konnte es nicht fassen. Dabei war das Schlimmste gar nicht, dass wir verloren hatten, das war keine echte Überraschung. Aber wie wir verloren hatten, machte mir zu schaffen: die beiden Tore und dass ich sie vorhergesehen hatte, aber nichts hatte tun können.

Hätte ich sie tatsächlich verhindert? Vielleicht. Aber hätte ich gespielt, hätte ich darum gebeten, die beiden Torschüsse am nächsten Tag nochmals ansehen zu dürfen. Ich gebe mir immer eine Nacht, um die Emotionen aus dem Spiel abklingen zu lassen, und sehe mir dann Schlüsselszenen, egal ob gut oder schlecht, nochmals an. Ich bin fest davon überzeugt, dass ich von jeder Situation lernen kann. Habe ich etwas nicht gesehen oder falsch? Gibt es etwas, auf das ich das nächste Mal achten muss? Aber bei PSG wurden Spiele abgehakt und weitergemacht. Es war vorbei – und ich verstand, dass es nicht mir oblag, eine Veränderung der Routinen oder gar Spielpraxis einzufordern. Unser Trainer hatte eine sehr genaue Vorstellung davon, wie er das Team aufbauen und agieren lassen wollte, und sein Vorgehen hatte uns immerhin ins Champions-League-Finale gebracht.

Wollte ich spielen, hatte ich also zwei Möglichkeiten: im Training noch nachdrücklicher zu zeigen, was ich dazugelernt hatte, und darauf zu hoffen, dass es dem Coach auffiel. Oder weiterzuziehen. Und weil der Wunsch zu spielen bald größer war als die Faszination und die Annehmlichkeiten eines großen Clubs, entschied ich mich für Letzteres.

KAPITEL 14

IMPROVISIERT ERFOLGREICH

Als ich auf dem Parkplatz vor dem Trainingsgelände ankam, warteten dort schon einige Spielerinnen. Ein paar saßen im Auto, andere lehnten an der Karosserie. »Wir müssen zum anderen Platz, den hier hat heute die Schule. Wir warten nur noch, bis wir komplett sind«, wurde mir zugerufen, als ich mich aus dem Sitz schälte und mit meiner Trainingstasche über der Schulter auf die anderen zukam. »Alles klar«, signalisierte ich mit erhobenem Daumen. Es war nicht ungewöhnlich, dass das Training in letzter Minute verlegt wurde.

Seit einigen Wochen war ich in England, im Mai 2016 hatte ich PSG verlassen und war nun bei Birmingham City LFC. Birmingham, die ehemalige Industriemetropole knapp drei Autostunden nördlich von London war in jeder Hinsicht das Gegenteil des auf Hochglanz polierten Paris: ein wilder Mix aus Gebäudestilen, als hätte jemand einen Architekturkatalog über einem Flecken Brachland ausgeschüttet, vergleichsweise wenig Grün, dafür lag an manchen Tagen über allem ein zartgrauer Schleier. Besonders wenn es regnete, und es regnete oft. Statt Haute Couture gab es hier Heavy Metal. Aus Birmingham stammen Bands wie Black Sabbath und Judas Priest und dieses Raue, Laute war überall zu spüren. Selbst auf dem Trainingsgelände. Es gab zwei Plätze, die der Stadt gehörten und die der City LFC nutzen durfte. Beide waren eher Acker als Rasen. Das Grün war von den Dutzenden Stollenschuhen aufgerissen, die jeden Tag darüber pflügten, der Untergrund war wellig, und wir teilten uns die Trainingsflächen mit Schulklassen und anderen Vereinen. Hatten diese Spielzeit angemeldet, mussten wir schon mal kurzfristig ausweichen. VIP-Status gab es nicht. Auch nicht für Mannschaften der FA Women's Super League, der höchsten englischen Liga. Mir machte es nichts aus, wenn das Training durch den Platzwechsel mal eine halbe Stunde später begann, solange es nicht ganz ausfiel, was durchaus vorkam.

Auch das Stadion war kein Vergleich zum pompösen Stade de France. Das schmucklose Rasenrechteck befand sich auf dem ehemaligen Parkplatz des Autobauers Land Rover, das Fabrikgelände lag gleich nebenan. Auf einer Seite war eine kleine Tribüne mit Sitzplätzen hochgezogen worden, die restlichen Zuschauer mussten stehen. Aber bei Spielen war das Feld dennoch gesäumt von Menschen. In Trikots gewickelt und mit bunten Schals um den Hals bildeten die Fans eine fröhlich singende und klatschende Banderole um den schlichten Platz. Die Leute hatten Lust auf Frauenfußball, tranken Bier, feuerten an und hatten 90 Minuten lang eine gute Zeit.

Hinter dem Stadion schloss sich der Aufwärmplatz an. Er war braun, statt Gras wuchs irgendwelches Unkraut darauf. Aber auch das war mir egal. Birmingham mochte ein kleiner Verein sein, der sich irgendwo im Mittelfeld der Frauen-Liga bewegte, doch hier würde ich spielen dürfen. Hier war ich die Nummer eins im Tor. Und die Mannschaft machte das Beste aus dem, was sie hatte. So kämpften wir uns zum Beispiel, kurz nachdem ich dort angefangen hatte, ins Halbfinale des FA-Cup, der englischen Entsprechung des DFB-Pokals.

Es war April 2017, wir spielten in Damson Park im nahe gelegenen Solihull gegen Chelsea, eine deutlich stärkere, professionellere Mannschaft aus London. Ich hatte mir fest vorgenommen, dieses Spiel zum besten zu machen, das es aus torhüterischer Sicht werden konnte. Ich würde der Schiffsmast sein, der die Wogen glättet – was gar nicht so einfach war, wenn die Wogen Eniola Aluko und Karen Carney hießen, zwei der gefährlichsten Torschützinnen der Liga. Das wusste ich aus eigener Erfahrung. In meinem Eifer war ich in einem früheren Match gegen Chelsea schon einmal weit aus dem Tor gegangen, war hochgesprungen und hatte Fran Kirby, die dabei gegen mich geprallt war, umgerempelt. Beide gingen wir zu Boden, doch während ich mich, vollgepumpt mit Adrenalin, sofort hochrappelte und ins Tor zurückrannte, blieb Fran kurz liegen. Nichts Schlimmes, aber Chelsea bekam einen Strafstoß. Ich zwang mich, so lange wie möglich ruhig zu stehen, als Karen Carney ihn ausführte, ich zappelte nicht. Trotzdem ging der Ball ganz knapp links an mir vorbei ins Tor. Es war der erste von zwei Treffern gegen null für uns gewesen. Das sollte mir nicht noch einmal passieren. Nicht in einem Halbfinale.

Dieses entwickelte sich zu einem harten Spiel, Chelsea war *on fire*. Aber wir taktierten gut. Unsere Defensive stand sicher und strukturiert. Das musste frustrierend für die an sich weit überlegene Mannschaft gewesen sein. Nach rund 60 Minuten Spielzeit bekamen wir eine Ecke, eine riesige Chance für uns. Meaghan Sargeant stieg vor dem gegnerischen Tor am höchsten und köpfte den Ball ins Netz. Ich stand auf der anderen Seite des Platzes in meinem 16er und schrie mir vor Begeisterung die Seele aus dem Leib. Wir lagen in Führung, gegen Chelsea!

Die machten nun natürlich Druck und ich bekam ordentlich zu tun. Aber mir gefiel das, ich kämpfte und verhinderte in der zweiten Halbzeit einige Torchancen. Zwei Minuten vor Ende der regulären Spielzeit schätzte ich jedoch einen satten Fernschuss von Drew Spence falsch ein. Ich hatte gedacht, er würde über das Tor gehen oder vorher verhungern. Doch er schlug knapp unter der oberen Latte ins Netz.

Scheiße, schoss es mir durch den Kopf und Wut stieg in mir hoch. Wie hatte ich mich so irren können? Aber der Ärger hielt nur ganz kurz an, dann war ich wieder konzentriert. So konzentriert, dass wir es torlos durch die Nachspielzeit schafften. Das bedeutete Elfmeterschießen, meine Lieblingsdisziplin. Entsprechend ruhig war ich, als ich mich der ersten Schützin gegenübersah. Fran Kirby setzte den Ball zielsicher ins Tor. Kurz durchatmen, noch war alles drin. Auch wir verwandelten unseren ersten Elfmeter. Die zweite Chelsea-Spielerin, Eniola Aluko, platzierte ihren Schuss tief und weit rechts, ich tauchte lang und flach, wie es mir in Birmingham beigebracht worden war, kam nicht ganz mit den Fingerspitzen an den Ball, aber der prallte zum Glück vom Außenpfosten ab und ging ins Aus. Wir lagen in Führung – und versenkten auch unseren zweiten Elfmeter. »*Come on, Ann*!«, schallte es aus dem Zuschauerbereich, als ich mich zum nächsten Schuss von Chelsea im Tor platzierte. »*Yes, come on, big save, we're scoring for Wembley*!«, brüllten die Fans, das Stadion tobte. Diesen Elfmeter schoss Millie Bright. Wieder zwang ich mich, so lange stehen zu bleiben wie möglich. Erst als Millie anlief und der Ball ihren Fuß verließ, ging ich nach rechts. Die richtige Entscheidung, die richtige Reaktion. Ich griff den Ball. Damit kippte das Momentum, plötzlich war Chelsea in der Bringschuld. Und als Ellen White für uns den entscheidenden Elfmeter verwandelte, stand fest, dass wir nach Wembley fahren würden. Auch wenn ich das in diesem Moment noch nicht so richtig begreifen konnte. Es war so unwirklich: Wir, die Mannschaft vom Acker aus der Arbeiterstadt, hatten es geschafft. Wir waren im Finale, wir hatten das hochprofessionelle Haupstadtteam Chelsea aus dem Cup geworfen. Chelsea!

»Allein ein solches Team mit einem derartigen Renommee in die Nachspielzeit zu zwingen, wäre schon eine wahnsinnige Leistung gewesen. Das hier ist ein unglaubliches Gefühl«, jubelte unser Manager Marc Skinner nach dem Match im Interview mit dem *Guardian*.

Das Finale einige Wochen später gegen Manchester City verloren wir 1:4. Trotzdem feierten wir im Bus zurück, als hätten wir gewonnen. Allein, dass wir so weit gekommen waren, war eine Party wert. Und es zeigte, dass nicht immer der gewinnt, der die professionellsten Strukturen hat, sondern dass auch ein fester Wille, ein enger Zusammenhalt und gegenseitiges Vertrauen viel bewirken können.

KAPITEL 15

FUSSBALL-FREUNDE FÜRS LEBEN

Bei Birmingham ging es extrem menschlich zu. In diesem Verein lernte ich enge Bezugspersonen kennen, die mir durch einige schwere Lebensphasen halfen und mit denen ich noch heute eng befreundet bin. Auch in meinem Wohnort Solihull, einem wunderschönen Städtchen mit knapp 200 000 Einwohnern, rund eine halbe Autostunde von Birmingham entfernt, fand ich schnell Anschluss: In der Wohnung unter mir lebte eine ehemalige Lehrerin, die mich regelmäßig zu sich einlud und mit mir bei Tee und Scones Englisch übte. Das sprach ich nach wie vor noch sehr wackelig und ich fühlte mich lange unglaublich unsicher, wenn ich mit den Muttersprachlern aus meinem neuen Team kommunizieren sollte.

Dass ich fußballerisch für die neue Aufgabe bereit war, wusste ich dagegen sehr genau. In Paris hatte ich enormes Durchhaltevermögen entwickelt, war körperlich kräftiger und technisch sehr viel besser geworden. Dennoch lernte ich auch in Birmingham Neues dazu, zum Beispiel in Sachen Abtauchen, dem seitlichen Hechten nach dem Ball.

Am Anfang gab es in Birmingham keinen eigenen Torwarttrainer für die Frauenmannschaft. Zweimal pro Woche kam der für die Männer auf unserem Trainingsacker vorbei, 40 Minuten vor dem regulären Trainingsbeginn. Exakt eine halbe Stunde lang hatte er Zeit für mich und meine beiden Kolleginnen, sonst wäre er zu spät zu seinem Hauptjob gekommen. Es war ein »männlicher« Stil, den er vermittelte, der auf viel Sprungkraft abzielte, die ich so aufgrund meiner Anatomie schlicht nicht hatte und auch nie haben würde. Aber ich lernte von ihm, lang und flach nach dem Ball zu springen. In Deutschland war ein eher delphinartiger Seitensprung Usus. Das heißt, die Torhüterin, warf sich in einer Art Bogen dem Ball entgegen. *»That's bullshit«*, war alles, was mein Torwarttrainer in Birmingham dazu sagte, und er hatte einen Punkt. Denn der Bogen verlängert den Weg zum Ball und erhöht die Wahrscheinlichkeit, dass er unter dem Körper durchtaucht. Das leuchtete mir ein, also setzte ich seine Methode um. Bis heute ist es so, dass ich durchaus offen für Veränderung bin, dass ich von meinen Ansichten und Gewohnheiten abweiche und die neuen Erkenntnisse auch missionarisch weitergebe, aber nur, wenn mir die Argumente dafür überzeugend und die Vorteile vielversprechend erscheinen. Skeptische Blicke und das ein oder andere Stirnrunzeln hat es mir dennoch schon eingebracht, wenn ich den jungen Nationaltorhüterinnen versucht habe, klarzumachen, warum der Delphinsprung Quatsch ist. Und auch die Dribblings im Spiel gegen Dänemark bei der EM 2025 haben so manches Haar wohl vorzeitig grau werden lassen – obwohl sie sich für mich logisch und kontrollierbar anfühlten.

In meinem zweiten Jahr in Birmingham bekam die Frauenmannschaft dann eine eigene Torwarttrainerin, die dreimal pro Woche vor Ort mit uns übte: Leanne Hall. Sie hatte ihre eigene Academy und zuvor in der Nationalmannschaft gespielt sowie früher für Teams wie Leeds United oder auch Fulham, und wir verstanden uns auf Anhieb. Ich genoss die Zeit mit Leanne auf dem Platz, denn trotz ihrer jahrelangen Erfahrung im Tor gab sie mir nie das Gefühl, besser zu sein als ich. Sie hörte sich meine Meinung an, korrigierte sie, wenn sie es für nötig hielt, oder erklärte mir, warum sie es anders machen würde. Sie begriff intuitiv, dass ich etwas verstehen und nachvollziehbar finden musste, um es umsetzen zu können.

Wir hatten ein sehr ehrliches, offenes Verhältnis; ich konnte ihr klar sagen, wenn mir etwas nicht passte; zum Beispiel, als ich mich bei ihr beklagte, wieder nicht in die Nationalmannschaft eingeladen worden zu sein. Da erwiderte sie unumwunden, dass die aktuelle deutsche Nationaltorhüterin, Almuth Schult, in einigen Punkten schließlich noch deutlich besser sei als ich. Diese Aussage traf mich, und Leanne verstand das auf menschlicher Ebene, obwohl sie mit ihrer Einschätzung objektiv gesehen absolut recht hatte und auf ihrem Standpunkt hätte beharren können. So aber fühlte ich mich ernst genommen und konnte ihr Urteil – und die Faktenlage – akzeptieren.

Leanne, so schien es mir, kannte mich besser als ich mich selbst. Sie wusste genau, wann ich Zuspruch brauchte, weil ich zweifelte; wann sie sticheln durfte, um meinen Ehrgeiz zu wecken; wann ich überfordert war und wann schlicht faul. Sie erkannte, wenn ich zu verkrampft war oder es zu locker angehen ließ, wann ich zu viel oder zu wenig nachdachte, und sie regulierte mich entsprechend. Wir kommunizierten ohne viele Worte – meine Lieblingsart der Kommunikation. Es entstand eine Atmosphäre der Sicherheit, in der ich mich traute, Zweifel auszusprechen, ohne Angst, dass mir das negativ ausgelegt und ich wieder auf der Bank landen würde.

Beispielsweise als ich mich in die irrationale Befürchtung verrannt hatte, mein Abschlag vom Boden sei kürzer als der Abschlag von der Hand.

Leanne versuchte gar nicht erst, mich mit Argumenten vom Gegenteil zu überzeugen. Sie ließ mich den Ball vom Boden vom Fünf-Meter-Raum schießen und kam bis zur Mittellinie. Per Hand darf man ihn – und damit auch ich in diesem »Experiment« – bis zum 16er mit nach vorn nehmen und dann schießen. Dieser Ball ging weiter über die Mittellinie. Natürlich! Das sah ich jetzt auch. Mit einer fast spielerischen Leichtigkeit, die typisch für Leanne ist, knackte sie mein festgefahrenes Gedankenmuster.

Zwar waren nicht alle Hindernisse so unkompliziert aus dem Weg zu räumen wie dieses, aber ohne Leanne hätte ich vielleicht gar nicht gewusst, was ich hätte tun können, um sie zu überwinden. Sie schubste mich oft in die richtige Richtung, brachte mich ins Handeln oder zeigte mir, wie ich einen Schritt zurückgehen, von außen auf die Dinge schauen und sie in Perspektive setzen kann. Vieles, was mir schwierig oder unmöglich erschien, wurde durch Leanne bewältigbar. Auch meine Krebsdiagnose. Noch heute ist sie eine meiner besten Freundinnen und wir haben regelmäßig Kontakt.

Leanne machte mich als Torhüterin besser, ohne mich zu verbiegen. Sie wies mich auf Kleinigkeiten hin, die vermutlich kaum jemandem auffallen, aber mir bis heute helfen, meinen Job gut zu machen. Dinge wie im Tor nicht erst einen Schritt nach hinten zu setzen, wenn ich eigentlich explosiv nach vorn gehen möchte. Es ist nämlich so, dass man mit dem dominanten Bein, bei mir ist es das rechte, unbewusst erst nach hinten tritt, um sich dann nach vorn abzustoßen. Dadurch verliere ich wertvolle Millisekunden. Wenn ich rauskommen und den

Ball ablaufen muss, können dieser halbe Schritt, diese wenigen Millisekunden, entscheidend sein.

Dass ich in Birmingham nach der langen Zeit in der zweiten Reihe bei PSG wieder Spaß am Sport fand, befreit aufspielte und gern ins Training ging, lag zu einem großen Teil an Leanne – aber auch an einer besonderen Teamkollegin: Jess Carter, eine junge Britin, die damals rechts außen in der Abwehr spielte und noch bei ihrer Familie in Barford, eine knappe Autostunde von Birmingham entfernt, lebte. Anfangs hielt ich sie für ziemlich arrogant. Wir hatten uns wenig zu sagen und auf dem Platz aufgrund ihrer Position auch nicht wahnsinnig viel miteinander zu tun. Doch in einem kleinen Verein kommt man früher oder später mit jedem in Kontakt, so auch Jess und ich. Je besser ich sie kennenlernte, desto klarer wurde mir, wie falsch ich sie eingeschätzt hatte. Sie war charakterstark, lustig und ehrlich. Mit der Zeit wurde sie eine Freundin, und als ich ihr erzählte, dass ich eine Mitbewohnerin suchte, zog Jess, die gerade mit ihrem Freund Schluss gemacht hatte, kurzerhand bei mir ein. Schnell stellten wir fest, dass wir auch neben dem Fußball viel gemeinsam hatten. Wir mochten beide Ordnung, Kartenspiele und die gleichen Fernsehsendungen.

Dass da mehr war als Freundschaft, gestanden wir uns allerdings erst sehr viel später ein. Es kostete mich ein romantisches Abendessen (das Jess gar nicht als solches interpretierte) und zwei weitere Avancen, bis wir ein Paar wurden. Kurz darauf bekam ich meine erste Krebsdiagnose, und ich hätte es Jess nicht übel genommen, wenn sie sich zurückgezogen hätte. Aber sie blieb und unterstützte mich. Bis heute ist sie an meiner Seite, war bei jeder Untersuchung dabei, lebt und spielt derzeit mit mir in den USA bei Gotham. Kurz nachdem ich Chelsea für New York verlassen hatte, verlobten wir uns. Jess postete an diesem Tag auf ihrem Instagram-Account: »7 years down forever to go«. Und genau das wünsche ich mir mit ihr.

KAPITEL 16

TSCHÜSS, PAPA

Mein Papa starb, als ich mehr oder weniger gerade erst nach Birmingham gezogen war. Es war September, wir hatten just das Halbfinale des damaligen Continental Cups gewonnen. In mir mischten sich die Freude über den Erfolg, das schöne Gefühl, dass Mama ihm das noch hatte erzählen können, und die Trauer, ihn nie wiederzusehen. Nicht mehr auf dem Platz, nicht im Stadion, nicht zu Hause. Er war weg. Zumindest körperlich.

Papas Beerdigung war für einen Freitag angesetzt, der Verein beurlaubte mich, sodass ich am Donnerstag davor nach Hause fliegen konnte. Die Stimmung dort war seltsam. So, als würde die Luft zerspringen, wenn man zu laut sprach. Wir alle hatten gewusst, dass Papa sterben würde, und uns war klar gewesen, dass es für ihn eine Erlösung wäre. Trotzdem fehlte er. Besonders hier, in dem Haus, in dem so viele Erinnerungen präsent waren. Ich saß auf dem Sofa und drehte einen Ball zwischen meinen Händen, während ich darauf wartete, dass meine Schwestern kamen, um mit Mama und mir zum Friedhof zu fahren. Es waren viele Leute gekommen, auch wenn

Papa sich immer mehr zurückgezogen hatte und am Schluss gar nicht mehr in der Lage gewesen war, zu kommunizieren. Ehemalige Vereinskollegen waren da, Freunde der Familie, Verwandtschaft … Seine Urne war vor dem Altar der Kirche am Rand des Friedhofs, die viel zu klein für all die Leute war, aufgestellt. Auf der Urne waren drei Gingko-Blätter zu sehen. Papa hatte die Pflanze, die für Stärke, Hoffnung und Verbundenheit steht, sehr geliebt, und ich trage die Blätter heute als Tattoo an meinem Fuß.

Der Priester sprach ein paar Worte, bevor ein Mann im Anzug, der vermutlich entweder zur Gemeinde oder zum Bestattungsinstitut gehörte, die Urne anhob und vor den Trauergästen zum Grab, um das eine Art grüner Gartenflor sowie ein Meer aus Kränzen, Schleifen und Blumen gelegt war, schritt. Viele sagen, der schlimmste Moment sei der, wenn die Urne oder der Sarg in den Boden gelassen wird. Für mich waren es die endlosen Minuten danach, in denen ich mit meiner Familie am Grab stand und ein nicht enden wollender Menschenstrom uns händeschüttelnd ihr Beileid aussprach. Ich kann mit Mitleid nicht gut umgehen. Ich wollte keinen Trost, ich wollte nicht darüber reden, wie es mir ging. Ich wollte meine Ruhe und so von meinem Vater Abschied nehmen, wie es ihm gefallen hätte: auf dem Fußballplatz. Also flog ich am nächsten Morgen, einem Samstag, zurück nach Birmingham und stand am Sonntag im Tor beim FA-Cup-Finale gegen Manchester.

Wir schafften es bis in die Verlängerung, wo mir dann doch noch ein Ball ins Netz geriet. Richtig geärgert habe ich mich darüber aber nicht. Ich war stolz, wir hatten gut gespielt. Besser als viele Zuschauer es wohl erwartet hätten gegen einen deutlich stärkeren Gegner. Ein paar Leute sprachen mich danach darauf an, wie ich eine solche Leistung so kurz nach der Bestattung meines Vaters hatte abrufen können. Aber ich hatte das nicht trotz, sondern wegen ihm geschafft. In diesem

Spiel hatte ich mich Papa nahe gefühlt – und noch heute ist er immer mit mir auf dem Platz.

25. JULI 2024, MARSEILLE, TEAMHOTEL

»Jeder Pass, jeder Schuss und jede Anstrengung von euch wird eure Leidenschaft und harte Arbeit widerspiegeln. Ihr repräsentiert nicht nur euer Land, sondern all die jungen Mädchen, die davon träumen, wie ihr zu sein.« – Das hatte das Team unseres Olympia-Hotels vor dem Gruppenspiel gegen Australien auf ein Whiteboard in dem Konferenzraum, in dem wir unsere Spielbesprechungen abhielten, geschrieben. Der Frauenfußball mag nur einen Bruchteil der Zuschauer des Herrenfußballs haben. Aber manchmal haben wir die Chance, einen Moment im Rampenlicht zu nutzen, um zu zeigen, dass wir vielleicht nicht den Fankult der Männer haben, aber durchaus begeistern können.

Das Spiel gegen Kanada ums olympische Halbfinale war so ein Moment. Das Halbfinale selbst hätte einer sein können. Gegen die USA zu gewinnen, die wohl erfolgreichste Nation im Frauenfußball, mit unter anderem viermal Olympia-Gold und vier Siegen bei der FIFA Damen-Weltmeisterschaft, wäre ein Triumph gewesen, der mit »Kirsche auf der Sahnehaube« nur sehr unzureichend beschrieben wäre. Im zweiten Anlauf, nach der 4:1-Niederlage in der Gruppenphase gegen die USA, hätte ein Sieg nun nicht nur den Einzug ins Finale bei Olympia bedeutet – und damit noch größere nationale Aufmerksamkeit für unseren Sport. Es hätte »all den jungen Mädchen, die davon träumen, wie wir zu sein« gezeigt, was möglich ist, wenn Menschen bedingungslos zueinanderstehen. Wenn elf ganz unterschiedliche Charaktere zusammenarbeiten. Wenn laut, leise, lustig, ernst, schüchtern und dominant akzeptiert werden für das, was sie sind. Wenn sie nicht aufeinanderprallen, sondern verschmelzen zu einem Bollwerk, das kein Durchkommen erlaubt.

Unser Olympia-Team war nicht homogen, und genau deswegen harmonierten wir so gut. Jede war ganz bewusst da, wo sie war – und sie durfte, nein sollte, genau so bleiben, wie sie war. Wie klug unser Coach die Mannschaft zusammengestellt hatte, wurde mir erst im Nachhinein klar. Aber das Gefüge sorgte dafür, dass es kaum Streit gab, dafür umso mehr gute Laune. Da schallten schon mal »Back for Good« oder »Never Forget« von Take That aus Lautsprechern und – etwas schief – auch aus einem halben Dutzend Spielerinnenkehlen im Physioraum. Da wurde in der Hotel-Lobby so leidenschaftlich darüber diskutiert, ob diese eine UNO-Karte jetzt wirklich auf den Stapel gelegt werden durfte oder nicht, wie sonst nur über Spielzüge auf dem Platz. Es wurde viel gelacht, gealbert und geneckt, und das nahm einer ernsten Angelegenheit wie dieser sehr viel von ihrer Ernsthaftigkeit. Abseits des Spielfelds waren wir einfach ein Haufen Mädels auf Klassenfahrt.

Gegen die USA zu verlieren, war frustrierend. Doch weil unsere Teamdynamik grundsätzlich stimmte, weil wir uns durchaus als Freundinnen bezeichnen, und zumindest ich mich manchmal noch wie früher auf dem Bolzplatz fühlte, wo ich mit meinen Freunden ein Spiel gewinnen möchte, gelang uns, was Coach Hrubesch so oft schon gepredigt hatte: »Nehmt es von Spiel zu Spiel.« Wir dachten nach, aber nicht zu weit.

Vor einem dreiviertel Jahr hatten wir noch gezittert, ob wir es überhaupt zu Olympia schaffen würden. Jetzt waren wir bis ins Halbfinale gekommen. Genauso wenig war für mich klar gewesen, ob ich bei Olympia im Tor stehen, ob ich überhaupt je in der Nationalmannschaft die Nummer eins sein würde. Und hier war ich nun, in genau dieser Position, bei den Olympischen Spielen in Frankreich. Ein Spiel wie das Halbfinale zu verlieren, war ärgerlich. Aber bei all der Bedeutung, all dem Potenzial, das in dieser Begegnung mit den USA mitschwang, war die Niederlage schlussendlich keine Katastrophe. Sie war eher ein Nadelstich, der etwas Druck aus dem Luftballon lässt, damit er fliegen kann, anstatt zu platzen.

KAPITEL 17

ICH WERDE DOCH NICHT KRANK!

Ups. Beim Abtrocknen hatte ich nicht an den Knubbel an meinem Hals gedacht und war mit dem Frottee kurz daran hängen geblieben wie an einem Bremshügel. Seit einigen Wochen war ein Lymphknoten in meinem Nacken hartnäckig geschwollen. Wahrscheinlich ein Überbleibsel meiner Erkältung.

Ich werde selten krank. Vor dem feucht-kalten britischen Spätherbst hatte mein Immunsystem allerdings kapituliert. Ich war richtig flachgelegen. Eine Woche lang ging gar nichts, eine zweite kaum mehr. Ich dämmerte in unserem Appartement in Solihull zwischen Halbschlaf und halb wach. Jess brachte mir vor und nach ihrem Training Tee ans Bett und etwas zu essen, falls ich mal Hunger hatte. Sollte ich Mama absagen? Sie wollte mich in einigen Tagen besuchen kommen, das erste Mal in England, weil sie so ungern flog, und ich freute mich so sehr darauf, sie wiederzusehen, dass ich ihr nichts von der Erkältung sagte. Sie sollte sich keine Sorgen machen.

Als ich sie am Flughafen abholte, war ich tatsächlich wieder ziemlich fit, ich konnte sogar schon wieder ein bisschen trainieren. Doch da war eben noch dieser Lymphknoten, der keine Anstalten machte, auf Normalmaß zurückzugehen. Er tat nicht weh, aber er nervte; und er war so aufdringlich, dass Mama ihn mehr oder weniger sofort bemerkte.

»Anne, was ist das denn, wie lange ist der schon so?«, fragte sie entsetzt, als sie den Knubbel in meinem Nacken entdeckte. »Keine Ahnung, zwei, drei Wochen, glaube ich«, antwortete ich.

Mama war schockiert: »Du musst damit zum Arzt. Und zwar schnell«, beschied sie mir. Aber ich ging nicht gern zu Ärzten. Ich hatte kein Vertrauen in sie. Erst recht nicht mehr, seit einer ständig behauptet hatte, Papa gehe es doch gut, obwohl wir alle wussten, dass er nur einen hellen Moment hatte und gar nichts okay war.

Ich wand mich noch eine Weile um einen Termin herum, aber weil Mama darauf bestand, mich jeden Tag damit nervte und ich sie beruhigt in den Flieger nach Hause steigen lassen wollte, versprach ich ihr, nach ihrer Rückkehr nach Deutschland einen Termin im Krankenhaus auszumachen: am Solihull Hospital. Der Gebäudekomplex, den ich kurz vor dem Termin betrat, sah aus, wie eine norddeutsche Feriensiedlung, mit Klinkerwänden und Spitzdächern. Die Gänge waren lang, recht niedrig und mit hellem Linoleum ausgelegt, das seitlich mit gelben Linien begrenzt war, als könnte man versehentlich durch die Wände brechen, wenn man nicht aufpasste. Der Arzt, der mich in Empfang nahm, schüttelte abgeklärt meine Hand; für ihn war das Routine. Er tastete den Lymphknoten ab, machte einen Ultraschall und schickte Blut- und Gewebeproben ins Labor.

Ein paar Tage später bekam ich einen Anruf vom Krankenhaus, dass ich doch bitte noch einmal vorbeikommen solle, um die Ergebnisse zu besprechen. Mir zog sich der Magen zusammen. Das war nicht gut. Wäre alles in Ordnung gewesen, hätten sie mir das bestimmt am Telefon gesagt. Ich informierte das Vereinsmanagement über den Termin, und da mein Englisch zwar schon deutlich besser geworden war, ich mir aber nicht zutraute, ein Gespräch mit medizinischen Fachbegriffen zu führen, schickten sie meinen Physiotherapeuten mit mir zu diesem Termin.

Ich mochte ihn, er machte einen guten Job, war sensibel und einfühlsam, und ich fand es nett, dass er sich die Zeit nahm, mitzukommen. Mit ihm fühlte ich mich deutlich sicherer in der Klinker-Klinik.

Als wir das Arztzimmer betraten, erhob sich der Doktor und kam um seinen Schreibtisch herum, um uns zu begrüßen. Seine Augen durchbohrten mich förmlich, als er meine Hand kurz, aber bestimmt drückte. Er hatte etwas zu sagen, das ich nicht hören wollte, das wurde mir in diesem Augenblick kristallklar.

Erst als wir vor dem Schreibtisch Platz genommen hatten, bemerkte ich, dass noch eine Frau im Raum war, die ich nicht zuordnen konnte. Sie hatte ein freundliches Gesicht, und zuerst dachte ich, sie sei da, um die kühle, direkte Art des Arztes etwas auszugleichen. *Good cop, bad cop.* Doch sie stellte sich als psychologische Unterstützung vor und überreichte mir ihre Visitenkarte mit den Worten: »*Call any time* – rufen Sie jederzeit an.«

Ich überlegte noch, warum ich psychologische Unterstützung brauchen sollte, während der Physio neben mir schon bleich geworden war. Er ahnte wohl auch, dass die Diagnose keine harmlose sein würde. Der Arzt nahm sich Zeit, rückte seinen Stuhl zurecht, legte die Unterarme auf den Schreibtisch und sah mich an wie ein Schulrektor, der einem gleich erklärt, dass die Versetzung gefährdet sei. Am liebsten wäre ich einfach wieder gegangen. Was sollte das Theater? Endlich räusperte er sich, und anders als sein umständliches Gehabe vorher teilte er mir nun ganz ohne Umschweife, Einleitung oder Verharmlosungen mit: *»Miss Berger, I am afraid to tell you that you've got thyroid cancer.«*

Der Physio neben mir schluchzte auf. Bei mir rauschte nur das Blut zwischen den Ohren. Zwar hatte ich *cancer* verstanden, Krebs, und kurz wurde mir schwarz vor Augen. Aber was war *thyroid*? Bis dato hatte es für mich Blutkrebs, Hautkrebs und Brustkrebs gegeben. Mehr nicht. Ich schielte hilfesuchend zu meinem Begleiter hinüber und hoffte auf eine Erklärung, aber der rang noch darum, seine Fassung wiederzuerlangen. Es dauerte eine Weile, bis er mir mit Händen und Füßen verständlich machen konnte, dass ich Schilddrüsenkrebs hatte – und was dieses Organ überhaupt machte. Er klopfte sich auf den Hals, sagte: *»This organ, Ann, it looks like a butterfly and produces hormones«*, bis ich schließlich verstand, was er meinte.

Nie hatte ich mir Gedanken gemacht, wie ich auf eine potenziell lebensbedrohliche Diagnose reagieren würde, weil ich nie in Erwägung gezogen hatte, sie einmal zu bekommen. Ich war jung, Mitte 20, da dachte man nicht übers Sterben nach. Wenn ich es jedoch getan hätte, wäre ich davon ausgegangen, dass es mir erst einmal den Boden unter den Füßen wegzieht, wenn ich es erfahre; dass ich erst mal gar nicht klar denken kann. Nun aber, wo der für mich so abwegige Fall eingetreten war, waren meine Gedanken erstaunlich klar. Sofort schob sich eine Frage nach vorn, die sich mit aller Macht aus meinem Mund presste: »Werde ich sterben?«

Der Arzt sah mich ernst an und antwortete: »Die Heilungschancen liegen bei 71 Prozent. Das ist hoch für eine Krebserkrankung.«

Es mag seltsam klingen, aber mit dieser Information – »wahrscheinlich nicht tödlich« – hakte meine Psyche ein Kästchen ab und meine Verunsicherung legte sich. Es wäre gelogen, zu behaupten, ich hätte mich gut gefühlt. Das tat ich nicht. Aber es brach auch nicht alles in mir zusammen. Er war noch da, mein innerer Schiffsmast. Ich hatte gerade eine Krebsdiagnose bekommen, mit einem Sterberisiko von 29 Prozent, und war ruhig genug, um mir zu überlegen, welche Optionen ich nun wohl hatte. Es gab ein gewisses Risiko, nicht wieder gesund zu werden, und ich würde natürlich etwas dafür tun müssen. Aber 71 Prozent war nicht nichts.

»Darf ich weiterhin Fußball spielen?«, wollte ich als Nächstes wissen, und die psychologische Unterstützung sah mich an, als wäre ich nicht ganz bei Trost. Vermutlich hätte sie mit einer Frage zur Therapie gerechnet oder zur Erkrankung selbst. Aber Fußball war mein Leben, und wenn ich weiterspielen konnte, würde auch mein Leben, wie ich es kannte, weitergehen. Ich würde keine Angst haben müssen. Alles würde gut werden.

Auch der Arzt hatte mit so einer Frage anscheinend nicht gerechnet. Ein Anflug von Überraschung huschte über sein Gesicht, bevor er stotterte: »Hmm, ja, also, ich denke, da steht meiner Meinung nach wohl nichts dagegen. Ja.« Ich war erleichtert, fast hätte ich meinen Physio umarmt, hielt mich aber zurück, da er sehr deutlich noch immer mit seinen Emotionen kämpfte. Der Fußball war nicht nur mein Beruf, er verband mich noch immer mit meinem Vater. War ich auf dem Platz, fühlte ich mich ihm nahe; auch wenn er nicht mehr da war, ich war aufgehoben. Natürlich würde ich nicht ewig Profifußballerin sein können, aber wann ich den Job an den Nagel hängte und damit diese Verbindung zu einem gewissen Grad kappte, sollte *meine* Entscheidung sein. Nicht die eines übermotivierten Lymphknotens. Nicht die einer Krebserkrankung. Und anscheinend würde ich diese Chance bekommen.

Trotz dieser harten Diagnose, trotz des ernsten Arztgesichts und der verdatterten Dame vom psychologischen Dienst entspannte ich mich. Ich fühlte die gleiche Ruhe in mir wie im dunklen Raum auf der Isomatte, wo die weise Stimme mir erklärt hatte, wie ich stabil stand. Da kam eine Welle. Eine verdammt beschissene, furchteinflößend hohe. Doch gerade weil sie so gewaltig war, wäre es sinnlos gewesen, zu versuchen, ihr davonzuschwimmen oder sich ihr entgegenzustemmen. Vielmehr musste ich eine Möglichkeit finden, wie ich sie reiten konnte. An dem ihre Kraft mich vorwärtsschob, anstatt mich hinunterzureißen.

Ich straffte die Schultern, und nach einem schnellen Blick auf meinen Physio neben mir, der mir mit roten Augen kurz zunickte, wandte ich mich erneut dem Arzt zu und fragte: *»Okay, good. So, what do we have to do?«* Was kommt jetzt, wie gehen wir vor?

Ich bin jemand, der die Dinge so schnell wie möglich erledigen möchte. Um diese Diagnose zu bewältigen, musste ich mehr über sie und die Behandlungsmöglichkeiten wissen. Das, was hier auf mich zukam, musste eine konkrete Form bekommen. Dann würde ich die Welle stehen. Daran hatte ich in diesem Moment, in diesem Praxiszimmer, nicht den geringsten Zweifel. Krank zu sein, oder besser: krank zu bleiben, war keine Option.

KAPITEL 18

RUHE BEWAHREN

Wie erklärt man seinen Eltern, dass man Krebs hat? Das Telefonat mit meiner Mutter, in dem ich ihr vermitteln musste, dass der geschwollene Lymphknoten Schilddrüsenkrebs war, machte mich deutlich nervöser als die Tatsache, dass ich ihn hatte. Mein Physio hatte mir geholfen, die Details der Erkrankung und der notwendigen Behandlung zu verstehen. Er hatte mir geduldig in einfache Worte gefasst, was der Arzt erläuterte, und damit war der Weg für mich klar und die Sache erledigt. Natürlich wusste ich, dass ich es nicht mit einer Grippe zu tun hatte, die man mal eben mit ein paar Löffeln Hustensaft und einem Nasenspray kurierte. Aber Jess und Leanne halfen mir, Schritt für Schritt zu planen, immer nur an das zu denken, was ich als Nächstes tun konnte oder musste und mich nicht in irrationale Gedanken zu verstricken. Die Therapie hörte sich machbar an für mich: Der Knoten in meinem Nacken würde operiert werden. Im Queen Elizabeth Hospital in Birmingham, das erfahrene Kopf- und Halschirurgen und Spezialisten für Schilddrüsenkrebs hatte. Ein paar Wochen später sollte ich dann drei Tage in einem abgeschlossenen Raum verbringen und eine Radiojodtherapie bekommen. Dafür würde ich eine Kapsel mit radioaktivem Jod schlucken, das dann die Krebszellen zerstören sollte. Keine Chemotherapie, kein Haarausfall, kein wochenlanger Krankenhausaufenthalt.

Kurz überlegte ich, ob ich Mama das einfach verheimlichen könnte, damit sie sich keine Sorgen machte. Aber so, wie ich sie kannte, würde sie es so oder so herausfinden – und eine Operation zu vertuschen, bei der ich eine beträchtliche Narbe am Hals zurückbehalten würde, wäre ohnehin unmöglich. Also entschied ich mich für die Flucht nach vorn. Ich wählte Mamas Nummer und platzte mehr oder weniger direkt nach dem Hallo mit der Nachricht heraus: »Mama, du, ich habe Schilddrüsenkrebs … Aber das kommt alles in Ordnung. Weißt du, der Arzt, den ich habe, der ist so kühl, der muss ein absolutes Ass in dem sein, was er tut.«

Mama sagte erst mal nichts. Sie war erschüttert. Ihr Kopf, so sagte sie später, fühlte sich an, als stecke er zwischen zwei Pressplatten. Die Information zu verarbeiten, dass ihre Jüngste Krebs hatte, wollte ihr in der Kürze meiner Berichterstattung einfach nicht gelingen. Eine ganze Weile versuchte ich, sie zu beruhigen, was ich eher mäßig schaffte. Sie war geschockt, murmelte immer wieder: »Anne, ich komme sofort nach England.« Aber das wollte ich nicht, sie hätte mir nicht helfen können. Nicht bei der OP in 14 Tagen, Anfang Dezember. Nicht bei der Radiojodtherapie Ende Januar. Da musste ich allein durch. Da wollte ich allein durch. Ich war gut darin, die Dinge mit mir selbst auszumachen, und würde alle Gefühle meistern, die vielleicht davor, dazwischen und danach noch kommen würden. Ganz bestimmt.

Ein wenig ruhiger war Mama, nachdem ich ihr versichert hatte, es sei für mich okay, wenn sie mit unserem Hausarzt in Eislingen über die Diagnose sprach. Er kannte mich schon, seit ich ein Baby war, klärte sie ausführlich über die Erkrankung auf und erzählte ihr, dass das Queen Elizabeth Hospital sehr erfahren in der Behandlung von Schilddrüsenkrebs sei. »Bewahren Sie Ruhe«, riet er meiner Mutter – und das war es auch, was sämtliche Google-Ergebnisse sagten, die Mama erhielt, wenn sie wieder einmal »Schilddrüsenkrebs, was tun« in die Suchmaschine eingab: *Bewahren Sie Ruhe.*

Ich selbst hütete mich vor einer Internetrecherche. Zu genau wollte ich es gar nicht wissen. Und das musste ich auch nicht.

Mein Verein unterstützte mich nämlich unglaublich. Das Management in Birmingham stellte mich frei, übernahm die Kosten für die Behandlung und meine Torwarttrainerin Leanne erwies sich als ein Geschenk des Himmels. Sie sorgte dafür, dass ich weiter das tun konnte, was ich kannte. Nur eben in einem anderen Setting: in einer Klinik, die mit ihren drei hervorspringenden Gebäuden aus weißen Platten und Glas aussah wie drei nebeneinander gestrandete Kreuzfahrtschiffe.

Für mich bedeutete dieses »Tun, was ich immer tat«, dem zu folgen, was Leanne mir sagte, weil ich wusste, dass sie meinen Erfolg ebenso wollte wie ich. Im Fußball und umso mehr in Bezug auf meine Gesundheit. Sie begleitete mich zur nächsten Untersuchung, war bei der OP-Vorbesprechung dabei, informierte sich über den Regenerationsprozess und alles, was es zu dieser Krankheit zu wissen gab. Sie stellte all die Fragen, die eigentlich ich hätte stellen müssen: Wie lange dauert die Operation, wie riskant ist sie, wie verläuft der Heilungsprozess, welche Spätfolgen können auftreten, baut man die entnommenen Körperstrukturen wieder auf?

Leanne rief bei einer Beratungshotline für Angehörige und Freunde von Krebspatienten an und informierte sich, was man mit den behandelnden Ärzten besprechen sollte und was Schilddrüsenkrebs anrichten kann, hakte nach, was vielleicht trotz der 71 Prozent Heilungschancen passieren könnte.

Alles, was ich tun musste, war, zu funktionieren und mich auf mich zu konzentrieren. Die Energie, die ich hatte, brauchte ich nicht in Recherche oder Arztgespräche zu stecken, sondern konnte sie komplett in mich investieren und darin, stabil stehen zu bleiben. Das gelang mir, weil ich das Gefühl hatte, in Jess und meiner Familie einen festen Rückhalt zu haben und dank Leanne alles zu wissen, was ich wissen musste. Ich vertraute ihr auch jetzt blind. Nur der Arzt tat mir manchmal ein bisschen leid, wenn Leanne ihn mal wieder besonders in die Mangel nahm. Aber das nennt man wohl Berufsrisiko.

KAPITEL 19

EINE NARBE FÜR DIE EWIGKEIT

Heute ist Nikolaus. Das war mein erster Gedanke, als ich am Tag nach der Operation in meinem Krankenzimmer aufwachte. Fünfeinhalb Stunden hatten die Ärzte gestern operiert. Der Eingriff war gut verlaufen, hatte man mir gesagt, später würde Mama mich besuchen, die nun doch nach England gekommen war.

»Herein!«, krächzte ich, als es schließlich an die Zimmertür klopfte. Mama war da. Wie sie fast schüchtern ihren Kopf ins Zimmer steckte, konnte ich allerdings nicht sehen, mein Nacken war ruhiggestellt, sodass ich ihn nicht bewegen und die frische OP-Naht zu sehr strapazieren konnte. Jess war auch mitgekommen, sie kümmerte sich um Mama, solange ich im Krankenhaus bleiben musste, und es war toll, zu sehen, wie die beiden miteinander zurechtkamen, obwohl Mama kein Englisch und Jess kein Deutsch sprach.

»Hey, mein Schatz. Wie geht es dir«, fragte meine Mutter und zog sich einen der Plastikstühle ans Bett, die im Zimmer für Besucher bereitstanden. »Fröhlichen Nikolaus«, schob sie nach und stellte mir einen kleinen Schokoweihnachtsmann auf den Nachttisch.

Sie hatte gar nicht darüber nachgedacht, wie ein solches Mitbringsel ankommen würde, sondern hatte instinktiv einen gekauft, weil doch der 6. Dezember war und ich ihr Kind. Jetzt war ihr der Schokonikolaus ein bisschen peinlich. Schließlich war ich inzwischen erwachsen und hatte seit Jahren keinen mehr bekommen. Für mich aber war er das schönste Geschenk, das sie mir hätte machen können.

In den nächsten paar Minuten beantwortete ich Mamas Fragen, so gut ich konnte: dass die OP okay gewesen sei und ich ganz gut geschlafen habe, obwohl ich die Nacht eher in einer Art Dämmerzustand verbracht hatte, der sicherlich auch auf die Ausläufer der Narkose ein paar Stunden zuvor zurückzuführen war. Ab und zu war eine Krankenschwester hereingekommen und hatte nachgesehen, ob alles in Ordnung war. Hatte ich die Augen geöffnet, sagte sie: »*Try to sleep, love.* Schlaf noch ein bisschen, meine Liebe.« Und ich war froh, dass sie keine Antwort erwartete. Ich erzählte Mama und Jess, dass ich keine schlimmen Schmerzen habe, was aber wohl auch an den starken Schmerzmitteln lag, die ich bekommen hatte, und dass ich wahrscheinlich morgen oder übermorgen schon aufstehen dürfe, damit mein Kreislauf in Schwung komme.

So richtig vorstellbar war das gerade noch nicht. Aktuell piepsten um mich herum Geräte, ich hatte Schläuche in den Armen und am Hals. Mama kämpfte ein wenig mit dem Anblick, ganz kurz hatte ein Erschrecken in ihrem Gesicht aufgeblitzt, als sie an mein Bett herangetreten war. Mich beunruhigte das Brimborium um mich herum nicht wirklich. Zu kämpfen hatte ich eher damit, dass ich den Hals nicht bewegen konnte. Mein Kopf funktionierte nicht wie gewohnt, ihn zu drehen und zu kippen, ging nicht, da er stabilisiert war. Die frische Wunde in meinem Nacken brauchte Ruhe. Ich hatte kein Gefühl in diesem Bereich und teils wusste ich zwar rational, dass mein Kopf noch fest auf meinem Hals saß, aber es fühlte sich an, als ob er jeden Moment abfiele.

Ich war es gewohnt, meinen Körper unter Kontrolle zu haben – und das hatte ich nun zum ersten Mal in meinem Leben nicht. Das kannte ich nicht. Und es gefiel mir ganz und gar nicht. Richtig erschrocken war ich allerdings, als ich ein paar Tage später wieder aufstehen durfte und mich auf der Toilette beim Händewaschen das erste Mal im Spiegel erblickte. Ich sah aus wie Frankenstein! Eine lange rote Narbe zog sich von meinem Nacken über die rechte Seite meines Halses bis nach vorn zum Schlüsselbein. Die Haut um sie herum war blau, gelb und grün von Blutergüssen, da klebten getrocknete Blutreste, die Nahtstiche waren deutlich zu erkennen, und ein Schlauch steckte auch noch in meinem Hals. Es war gruselig – und kurz wurde mir so schwummerig, dass ich mich auf das Waschbecken stützen musste. Die Realität, dass das hier eine ernste Angelegenheit war, traf mich in diesem Moment heftig. Als mir klar wurde, dass diese Narbe für immer da sein würde, dass sie für immer sichtbar sein würde, erfüllte mich mit einer so heftigen Trauer, dass ich mich auf den Toilettendeckel sinken ließ und mein Gesicht in den Händen verbarg. Ich war in meinem bisherigen Leben schon viel gewesen: Ann-Katrin, das Mädchen in der Jungen-Mannschaft. Ann-Katrin, die mäßig erfolgreiche Schülerin. Ann-Katrin from Germany.

Ab jetzt würde ich »die mit der Narbe am Hals« sein. Und noch lange, nachdem ich wieder gesund war und regulär spielte, hatte ich das Gefühl, dass alle diese Narbe anstarrten. Auch ich stand oft zu Hause vor dem Spiegel, musterte sie und dachte darüber nach, was ich da eigentlich hatte mitmachen müssen. Doch mit der Zeit gewöhnte ich mich an den roten

Striemen; ich mag ihn inzwischen sogar ein bisschen, weil er mich daran erinnert, dass alles ganz schnell vorbei sein kann.

Heute sitzt über der Narbe im Nacken ein Tattoo. Es ist ein längliches schwarzes Symbol. Eine Zeichenkette, die bedeutet: »Alles, was wir haben, ist jetzt.«

KAPITEL 20

MARSMENSCH IM BUNKER

Am 21. Januar 2018 begann die Radiojodtherapie. Da ich einige Zeit radioaktiv sein würde, musste ich drei Tage im Keller eines Bunkers der Klinik verbringen, in einem fensterlosen Zimmer mit winzigem Bad, das mit einer doppelten Tür verschlossen war und in dem nicht mehr stand als ein Bett, ein Nachttisch, ein Schrank und eine TV-Video-Kombination, die noch mit VHS-Kassetten funktionierte. Es gab kein Tageslicht, nur grelle LED-Röhren an der Decke. Zu den drei festgelegten Essenszeiten musste ich mich in die hinterste Ecke des Raumes stellen, erst dann kam jemand herein – komplett in einen Ganzkörper-Raumanzug gewickelt – und stellte ein Tablett auf den Boden hinter der inneren Tür. Ich musste warten, bis die Person draußen eine Klingel drückte, dann durfte ich raus aus der Ecke und mir das Tablett holen. All das waren Sicherheitsvorkehrungen, damit die Menschen, die in dem Krankenhaus arbeiteten, zu dem der Bunker gehörte, nicht mit der radioaktiven Strahlung in Berührung kamen. Das verstand ich.

Ich hatte gewusst, dass das so sein würde, die Ärzte hatten mir und Leanne vor der Therapie alles genau erklärt. Trotzdem war ich überrascht, wie schlimm diese drei Tage für mich waren. Diese komplette Vermeidung von Kontakt, das Eingesperrtsein … Es war, als wäre ich gar kein Mensch.

Ich bin nicht umsonst Fußballerin, eine Outdoor-Sportlerin. Ich muss draußen sein an der frischen Luft, besser noch in der Natur. Schon in großen Städten fühle ich mich eingeengt, acht Stunden in einem Büro zu sitzen, ist für mich eine Horrorvorstellung. Nun musste ich 72 Stunden in einem kleinen Raum ohne Fenster und natürliches Licht verbringen. Die Therapie, die sich für mich recht einfach angehört hatte, da ich nur anwesend sein musste, entwickelte sich zur echten emotionalen Herausforderung für mich.

Zum Glück hatte meine Mutter, auch wenn sie das nie zugegeben hätte, der halben Verwandtschaft die Anordnung erteilt, mich anzurufen – »Sie wird sonst verrück«, hatte sie ihnen eingeschärft.

Das ganze Wochenende über klingelte mein Handy: Tanten, Cousinen, meine Schwestern, Mama … Einmal schaltete mich meine Familie sogar per Video-Call in eine Geburtstagsparty und alle Anwesenden erzählten mir vergnügt, welchen Kuchen sie gerade aßen und wer ihn gebacken hatte: gedeckter Apfelkuchen von meiner Tante, der Beste.

Außerdem hatte Leanne mir ein Trainingsprogramm mit Körpergewicht und Gymnastikband zusammengestellt, um mich abzulenken und mir das Gefühl zu geben, zumindest ein klein wenig an meiner Fitness zu arbeiten. Ich wollte so schnell wie möglich zurück ins Tor.

Zwei dieser elastischen Gymnastikbänder waren, neben meinem Handy und dem Kindle, eines von den paar wenigen Dingen, die ich in den Bunker mitnehmen durfte und die ich danach würde entsorgen müssen, da sie radioaktiv verstrahlt sein würden. Vor zwei Wochen hatte ich angefangen, wieder leicht zu trainieren und dank der Bänder würde der Aufenthalt im Bunker keine Unterbrechung bedeuten, was vor allem für meinen Kopf wichtig war. Also machte ich jeden Tag die Übungen, die Leanne mir aufgeschrieben hatte: Kniebeugen, Beinseitheben, Armzüge, Liegestütz … Alles unter den wachsamen Linsen der Kameras, die meinen Bunkerraum überwachten, für den Fall, dass ich Hilfe brauchte. Wahrscheinlich rieben sich die Menschen, die an den Bildschirmen saßen, ungläubig die Augen, als sie mich turnen sahen. Die Krankenschwester, die mich nach den drei Tagen entließ, lachte bei der Verabschiedung jedenfalls fröhlich und sagte, dass sie in ihren 20 Jahren hier noch nie jemand gesehen habe, der da drin trainiert habe.

Dennoch gab es Phasen, in denen kein Telefon klingelte, das Training beendet war und das Internet zu schlecht war, um auch nur daran zu denken, einen Film anzuschauen. Diese Stunden, oft am späten Abend oder nachts, waren die schlimmsten. Dann kamen Gedanken wie »Was, wenn der Krebs doch noch da ist«, »Was, wenn doch nicht alles glattgeht«. In den Bunkerzimmern neben mir hörte ich die anderen Patienten manchmal schreien. Vor Schmerzen, aus Verzweiflung … darüber kann ich nur spekulieren. Aber es machte etwas mit mir, und ich musste mich sehr bewusst in eine Art meditativen Zustand begeben, um nicht von der Angst um mich herum angesteckt zu werden. »Nicht versuchen, gegen den Fluss zu schwimmen. Das kostet nur Energie und bringt nichts«, hatte mein Opa mal gesagt. »Nutze die Kraft des Flusses und lass dich von ihm tragen.« Damit beruhigte ich mich, ich ergab mich in ein Schicksal, das ich nicht ändern konnte, und begann, die Welle zu reiten, so gut ich es in diesem Moment konnte.

Einen meiner Mitpatienten lernte ich übrigens noch persönlich kennen. Einen älteren Herrn, der zeitgleich mit mir in eine der anderen Bunkerkammern eingezogen war. Auch er hatte eine Radiojodtherapie bekommen, wobei ich nicht weiß, welchen Krebs genau er hatte. Jedenfalls würden wir beide unsere Zimmer erst wieder verlassen dürfen, wenn unser radioaktiver Wert unter 0,7 gesunken war. »Lass uns schauen, wer Montagfrüh niedriger liegt«, forderte er mich grinsend heraus. Er hatte bereits eine Therapie hinter sich und wusste, im Gegensatz zu mir, was auf ihn zukommen würde. Wie es ihm die Tage erging und ob auch er zu denen gehört hatte, die schrien, kann ich nicht sagen. Ich möchte es auch gar nicht wissen. Aber dank ihm konnte ich der ernsten Zeit im Krankenhauskeller immerhin ein bisschen etwas Spielerisches abgewinnen. Wir beide waren durch die Wette in einem Mini-Wettkampf, und den wollte ich gewinnen. Ich trank Unmengen von Wasser, was wichtig ist, um das radioaktive Jod auszuscheiden, und schwitzte beim Gymnastikbandtraining so fleißig, dass mein Wert gar nicht anders konnte, als zügig zu sinken. Am Ende verließ ich den Bunker mit einem Wert von 0,2 und hatte nicht nur den Krebs besiegt, sondern auch meinen Wettpartner.

Mit dem Auszug aus dem Bunker war es geschafft. Zwar würde ich mein Leben lang Medikamente nehmen und zunächst alle drei Monate, nach drei Jahren einmal jährlich, zur Kontrolle gehen müssen. Aber das erschien mir ein leicht zu bringendes Opfer dafür, dass ich am Leben bleiben und weiter Fußball spielen durfte. Am 4. Februar 2018 war ich zurück auf dem Feld. Fast genau zwei Monate nach der Operation stand ich in der vierten Runde des FA Women's Cup 2017/18 gegen Reading wieder im Tor. Allein das sorgte für einiges Aufsehen bei Publikum und Medien. Dass wir dann auch noch 1:0 gewannen und ich meinen Kasten sauber hielt, war das Tüpfelchen auf dem i. Eines, das mich selbst gar nicht so überraschte. Schließlich hatte ich etwas, wofür ich kämpfen konnte: meinen Traum, vom Fußball leben zu können, und die Chance, ihn weiterträumen zu dürfen. Das Team hat in diesem Spiel großartig abgeliefert. Aber an diesem Tag habe ich tatsächlich nur für mich gespielt – und es war ein gutes Gefühl.

KAPITEL 21

SPRUNGBRETT LONDON

Meine Zeit in Birmingham war wunderbar: der Zusammenhalt; die Möglichkeiten, die ich bekam; alles, was ich lernen durfte; wie ich unterstützt und meine Art, das Tor zu hüten, wertgeschätzt wurde … Wir waren gut; erfolgreicher, als wir es manchmal selbst erwartet hätten. Aber oft landeten wir »nur« auf dem zweiten Platz: im FA Women's League Cup 2016 zum Beispiel oder dem Women's FA Cup 2017. Bei Paris Saint-Germain war es ähnlich gewesen. Da hatte sich die Mannschaft während meiner Zeit dort oft weit, doch nie ganz nach vorn gespielt und stand unter anderem im UEFA-Finale 2015 und zweimal im Endspiel des Coupe de France, dem Frankreichpokal. Selbst mit der deutschen Fußballnationalmannschaft, in die ich kurz nach Ende meiner Zeit in Birmingham erstmals als Reserve eingeladen worden war, schien der Stempel »ewige Zweite« an mir zu kleben. Ich betreibe den Sport nicht in erster Linie wegen der Titel. Schließlich bin ich mit der elterlichen Philosophie aufgewachsen, dass Fußball Spaß ist und man den auch ohne Pokale haben kann. Aber langsam nervte es mich doch, immer knapp am obersten Treppchenplatz vorbeizuschrammen. Ich hatte in den vergangenen Monaten und Jahren so viel gegeben, so viel dazugelernt, und trotzdem hatte es bisher nicht funktioniert mit einem Erfolg, der sich für mich verdient angefühlt hätte. So, als würde ich auf einem Berggipfel stehen, tief durchatmen, und für einen Augenblick durchströmte mich vollkommene Zufriedenheit. Es war eher ein »Oh, Mist, da wäre es ja noch weiter hochgegangen«.

Das sollte sich mit einem Wechsel zu Chelsea FC Women ändern. Deren Trainerin Emma Hayes hatte mich mehrfach im Tor von Birmingham erlebt, und da ihr meine Leistung offensichtlich gefallen hatte, holte sie mich 2019 ins Team. Das hatte zu dem Zeitpunkt schon viermal den englischen Meistertitel gewonnen, zweimal den FA Women's Cup, den WSL-Cup, und außerdem spielten die Chelsea-Frauen in der UEFA Women's Champions League. Dort im Tor zu stehen, würde mir die Chance auf Erfolge verschaffen. Aber nicht nur das. Bei einem Club wie diesem würde ich auch internationale Erfahrung sammeln können und mir die Möglichkeit eröffnen, mich einem größeren Publikum zu präsentieren. Beides wäre auch vorteilhaft, wenn ich meinen großen Traum noch nicht abschreiben und mich bei der deutschen Frauen-Fußballnationalmannschaft als erste Torhüterin ins Spiel bringen wollte.

Meine neuen Kolleginnen im Chelsea-Kasten wären neben der jungen Torhüterin Emily Orman auch Hedvig Lindahl und Carly Telford, die Nationaltorhüterinnen von Schweden und England. Beide überragende Sportlerinnen mit viel internationaler und Nationalmannschaftserfahrung, von der ich profitieren wollte; und, ja, ein bisschen hoffte ich auch darauf, dass ich zur Stammtorhüterin aufrücken würde, sobald ich mich in Chelsea etabliert hatte. Hedvig würde 2019 ihre letzte Saison spielen, doch auch so rechnete ich mir mittelfristig Chancen auf die Pole Position im Tor aus: Durch meinen regelmäßigen Spieleinsatz in Birmingham in den vergangenen zwei Jahren hatte ich mir einen Namen in England gemacht. Ich wäre also keine Unbekannte im Tor – und immerhin hatte Chelsea *mich* angefragt. Sie mussten also etwas in mir sehen, was sie haben wollten und brauchen konnten. Dass meine Freundin Jess ein halbes Jahr zuvor zu Chelsea gewechselt war und mir der Gedanke gefiel, weiter mit ihr zusammenzuwohnen und eine vertraute Person im neuen Team zu haben, war ein weiteres Argument für Chelsea. Also unterschrieb ich dort, packte mitten in der Saison meine Koffer und zog vom idyllisch kleinen Solihull in die vibrierende britische Hauptstadt.

Der Londoner Club war der professionellste, für den ich bisher gespielt hatte. Aus den familiären Strukturen von Birmingham City kommend, überwältigte mich mein neuer Arbeitsalltag geradezu. Wir Frauen hatten unser eigenes Stadion: Kingsmeadow in Kingston, rund 40 Autominuten von Stamford Bridge entfernt. In Letzterem spielten wir in meinen letzten paar Jahren bei Chelsea die Champions-League-Spiele – und das Stadion war beeindruckend, mit seiner markanten Überdachung, die sich teils wie ein gigantisches Zelt, teils als »*The Shed*« wie eine schwebende gläserne Markise über die Tribünen spannte. Mehr als 40 000 Zuschauer haben dort Platz, und wenn die bei Spielen zusammen die Mannschaftshymne singen – *Blue is the colour, football is the game. We're all together and winning is our aim. So cheer us on through the sun and rain, 'cause Chelsea, Chelsea is our name* –, dann muss man schon sehr abgestumpft sein, um keine Gänsehaut zu bekommen.

Das Gebäude dahinter erinnert mich an einen abstrahierten römischen Palast. Neben einem gigantischen blauen Mosaik, unter dem eine Statue von Peter Osgood, dem *King of Stamford Bridge*, steht, hängen riesige Banner, die die Erfolge der Männer- und Frauenmannschaft auflisten.

Die Teams sowie die U9- bis U21-Nachwuchsspieler der Academy trainieren seit 2005 im Cobham Training Centre im etwa 45 Minuten entfernten Cobham in Surrey. Dorthin war der Club gewechselt, weil die bisherige Trainingsanlage im Vergleich zu Vereinen wie Arsenal oder Manchester nicht mehr modern genug war. Und für die ursprüngliche Bausumme von mehr als 20 Millionen Euro war auf dem knapp 60 Hektar großen Areal ein echtes Fußball-Eldorado entstanden: Im Hauptgebäude, das mit seiner Säulen-Glas-Struktur und dem geschwungenen Dach ein bisschen wie eine KI-Version von Stonehenge aussah, gab es einen riesigen voll ausgestatteten Kraftraum, eine Sauna, Eisbäder, jede Menge Physio-Liegen und Besprechungsräume mit neuster Technik. Daneben war ein Indoor-Platz angelegt worden, und den Trainingsrasen der insgesamt neun Außenfelder, drei davon mit Bodenheizung, hätte man auch in einem Golfclub verlegen können. Wir Frauen mussten immer an der Academy und den Männer-Plätzen vorbei- oder durch sie hindurchfahren, weil unser kleines Häuschen am Ende des Trainingsgeländes stand.

Jeden Morgen begannen wir mit Analyse-Training: Ich war immer etwa eine halbe Stunde vorher da, zog mich um und ging in unseren Besprechungsraum, wo wir das Spiel des vorangegangenen Wochenendes diskutierten oder auf das anstehende am kommenden Wochenende blickten. Das war gerade nach weniger guten Spielen manchmal hart, aber immer lehrreich. In Paris hatte ich mir genau diese Analysen gewünscht.

Nach der Besprechung hetzte ich auf den Trainingsplatz und machte mich warm. Das Training der Torhüterinnen begann 20 Minuten vor dem der anderen Spielerinnen. Natürlich mit einem Torwarttrainer nur für uns drei. Wir übten Fangtechniken bei tiefen, mittelhohen und hohen Bällen, 1-zu-1-Situationen, Volley aus der Hand oder Pässe.

Danach stießen wir zum Rest der Mannschaft, wo wir praktische Spielsituationen und Standardsituationen wie Ecken oder Strafstöße trainierten sowie Basics wie Dribblings oder Passen. An manchen Tagen hatten wir im Anschluss noch Krafttraining. Jede Spielerin bekam einen für ihre Position, ihre Schwachstellen und die jeweilige Saison-Phase angepassten Trainingsplan, dessen Umsetzung und Wirkung regelmäßig von den Vereins-Fitnesstrainern überprüft wurden. Am Anfang der Saison wurden sogar Oberschenkelumfänge gemessen und die Balance der Spielerinnen getestet, um präzise da ansetzen zu können, wo Verbesserungspotenzial bestand. Als Torhüterin lag der Fokus bei mir zum Beispiel auf der Sprungkraft, die ich mit Sprüngen auf eine Kiste, Ausfallschritten und Kniebeugen mit Sprung stärkte. Für die Rumpfmuskulatur, die wichtig für einen stabilen Stand im Tor ist, machte ich Planks und Übungen mit einem Medizinball, meinen Rücken kräftigte ich mit Kreuzheben und Latzug.

Hatten wir unsere Runde im Fitnessstudio absolviert, gab es Mittagessen in der Vereinskantine. Die Köche bereiteten Pasta, Hähnchenbrust, Gemüse und ein Salatbüfett zu; alles abgestimmt auf den Bedarf von Sportlern, sodass ich nie überlegen musste, ob das, was ich aß, auch leistungsfördernd oder gut für mich war. Ich fand es großartig, mit gutem Gewissen einfach das nehmen zu können, auf was ich am meisten Lust hatte. Und ab und zu war das natürlich auch ein Eis.

Bei Bedarf hatte ich nach dem Lunch noch eine Physio-Einheit. Meist fuhr ich gegen frühen Nachmittag nach Hause, spielte Playstation, las oder telefonierte mit meiner Familie. Abends kochte ich für Jess und mich.

Ich liebe es, zu kochen. Gerade versuche ich mich am perfekten Airfryer-Steak. Richtig gut sind jetzt schon meine Aprikosenknödel, Jess liebt mein Hähnchencurry und ihre Eltern essen gern meine Meeresfrüchtespaghetti, wenn sie bei uns zu Besuch sind. In der Küche zu werkeln, ist für mich Entspannung. Es macht meinen Kopf frei, weil ich etwas ganz anderes tue als in meinem Beruf im Tor. Beim Kochen darf ich langsam sein, bedacht. Ich darf mir Zeit lassen bei jedem Zubereitungsschritt, ich kann nachjustieren, wenn ich mit Würze oder Konsistenz nicht zufrieden bin, und muss nur dann schnell reagieren, wenn das Nudelwasser überkocht oder das Fleisch verkohlt.

Außerdem ist Kochen für mich ein Stück Kindheit. Früher hat mich Mama immer auf die Anrichte gesetzt, wenn sie das Essen zubereitet hat, und später durfte ich auf einem Schemel am Küchenboard stehen und ihr beim Gemüseschnippeln helfen. Mit einem echten Messer, worauf ich sehr stolz war.

Dass ich wegen einer weltweiten Pandemie bald mehr Zeit zu Hause verbringen würde, als mir lieb war, ahnte ich in diesen ersten Monaten in London nicht. Ich war damit beschäftigt, zu lernen und so hart wie möglich zu trainieren, um mich für die kommende Saison als erste Torhüterin durchzusetzen.

KAPITEL 22

TOP OF THE HEAP

Es war der 29. Februar 2020. Ein Tag, den es nur alle vier Jahre gibt. Besonders sollte er für mich aber aus einem anderen Grund werden.

In knapp zwei Wochen würde die erste Coronawelle die Welt lahmlegen. Doch noch war das einzige Virus, um das ich mir hätte Gedanken machen müssen, ein Erkältungsvirus: Es war richtig kalt im Stadion City Ground in Nottingham. Schon nach dem Warmmachen auf dem Platz waren meine Finger eiskalt, kleine Atemwölkchen bildeten sich vor meinem Mund. Der Norden Großbritanniens zeigte sich frostig an diesem Tag, an dem ich für Chelsea beim Continental League Cup Final gegen Arsenal im Tor stand. Mit gut 30 000 Plätzen gehört City Ground zu den eher kleinen Stadien, aber das Derby der beiden Londoner Vereine hatte jede Menge Fans angelockt. Die Sitzplätze waren belegt, die Stimmung war aufgeheizt: Auf der einen Seite türmte sich die Arsenal-Wand, auf der anderen drängten sich die Chelsea-Supporter, in der Mitte feierte ein gemischtes Völkchen. Alle johlten, klatschten und pfiffen. Es war ein Fußballfest und meine erste Chance, für

Chelsea eine Trophäe zu gewinnen. Diese Gelegenheit wollte ich nutzen. Unbedingt.

Das Spiel begann direkt sehr intensiv, die Rivalität zwischen den Mannschaften war deutlich spürbar. Aggressiv warfen sich beide Teams in das Hauptstadt-Duell, das mir für das idyllische Robin-Hood-Städtchen auf einmal viel zu groß erschien. Wir erwischten den besseren Start: Bereits in der achten Minute schoss Beth England nach einer Flanke von Jonna Andersson den Ball ins Netz. 1:0 für uns! Innerlich jubilierte ich. Aber das Match war noch lang und Arsenal würde unsere Führung nicht einfach hinnehmen. Schon gar nicht in einem Endspiel. Die Mannschaft machte Druck, drängte unsere Spielerinnen etwas zurück. Arsenal, das wurde schnell deutlich, wusste ganz genau, wie sie sich Chancen erspielen konnten. Ich stand unter Dauerstrom, es war ein echter Nervenkrimi. Jeder Ball in unserem Strafraum, und das waren einige, stellte ein potenzielles Risiko dar und barg die Gefahr, mir den ersehnten Sieg wegzunehmen.

Bisher hatte ich alle Torschüsse pariert. Manche souverän, andere nur knapp. Bei einigen habe ich bis heute keine Ahnung, wie ich es geschafft habe, sie abzuwehren, so blitzartig musste ich handeln. Dermaßen schnell hatte ich mich bisher selten von einem Torpfosten zum anderen bewegen müssen. Doch instinktiv tat ich, was zu tun war, um ein Gegentor zu verhindern.

Ich parierte einen Ball, den Jordan Nobbs aus geringer Distanz abzog. Der hätte gefährlich werden können. Doch nicht nur ich, unsere gesamte Abwehr stand wie eine Mauer. Ohne Leute wie Millie Bright oder Magdalena Eriksson hätte ich die Paraden nie geschafft. Wir verteidigten gemeinsam, mit mir als letzter Bastion. Sogar einen Ball von Vivianne Miedema verhinderte ich, einer extrem guten Spielerin, die in ihrer Karriere schon mehrere Hundert Tore erzielt hat und von der ihre ehemalige Teamkollegin Jill Rood einmal sagte, sie habe einen »einzigartigen Killerinstinkt«.

Diese Szene in der zweiten Spielhälfte ist eine, an die ich mich klar erinnere. Das ist nicht immer der Fall, mein Gehirn scheint Spielsituationen nach bestimmten, mir unbekannten Kriterien zu speichern oder zu löschen. Manche sehe ich danach auf Video und habe keinerlei Erinnerung daran. Das Bild dieses Schusses kann ich aber noch heute abrufen wie einen TikTok-Clip. Vivianne zog ab, ich warf mich dem Ball entgegen und der prallte hart an meinen Bauch und dann ins Aus. Für einen Moment blieb mir die Luft weg und ich auf dem Rasen liegen. *To get the wind knocked out of you* sagt man auf Englisch dazu, und das beschreibt es ziemlich genau. Zwei Helfer stürmten aufs Feld, drückten mir einen Eisbeutel auf die Rippen – die Kälte tat gut, obwohl ich in den vergangenen 80 Minuten alles versucht hatte, um warm zu bleiben: die Finger bewegt, durch den dünnen Stoff der Handschuhoberhand gepustet oder mir die Hände unter die Achseln geklemmt. So bekommen sie ein bisschen Körperwärme ab, ohne dass Textilfusseln vom Trikot auf die klebrigen Innenflächen der Torwarthandschuhe geraten.

Es dauerte ein, zwei Minuten, dann hatte sich meine Lunge erholt, der *wind* war zurück, und ich konnte weiterspielen. Allerdings gelang mir das nicht mehr so fehlerfrei wie vorher. Zwei Minuten hielten wir unsere Führung noch. Dann bekam Arsenal eine Ecke. Wir klärten nicht konsequent, und Leah Williamson, die sich sehr clever positioniert hatte, glich aus: 1:1. Kurz spürte ich ein Ziehen im Bauch, diesen Frust, vielleicht schon wieder nur Zweite zu werden. Wütend auf mich selbst, diesen Ball nicht erwischt zu haben, ließ ich mich auf den Rücken kullern. Aber da kam schon Maren Mjelde zu mir gelaufen und raunte mir zu: »Bring's zu Ende, Ann. Du hast noch was in dir.«

Sie sollte recht behalten. Wir schafften es, Arsenal noch einmal unter Druck zu setzen, in der 87. Minute klärten wir einen heiklen Ball. Als ich nach ihm sprang, merkte ich, wie meine Rippen sich lautstark beschwerten, aber die mussten jetzt kurz Ruhe geben. Ich flippte den Ball mit den Fingerspitzen weg, griff mir dann erst kurz an meinen Brustkorb. *»Berger is struggeling, she's surely not recovered yet«*, bemerkte der Kommentator in der Übertragung – sie kämpft, sie hat sich noch nicht erholt. Aber dazu war auch keine Zeit.

Der nächste Angriff von Arsenal rollte schon an. Wieder wehrte ich ab und die Spieluhr sprang auf Nachspielzeit. Noch war alles möglich.

Und mein Team machte es möglich: In der 92. Minute zog Sam Kerr auf rechts davon, spielte zu Maren Mjelde. Die flankte – und Beth England hämmerte den Ball schließlich ins Tor. 2:1. Abpfiff. Ich konnte es nicht glauben, ballte die Fäuste und ließ mich auf die Knie fallen, während die Mannschaft um mich herum ausflippte. »Endlich ist es vorbei«, dachte ich. »Endlich habe ich es geschafft, eine Trophäe zu gewinnen.« Die jahrelange harte Arbeit, die Krebsbehandlung, alles, durch das ich bisher gegangen war, versöhnten sich mit mir in diesem Pokal, nach diesem Spiel auf Augenhöhe gegen Arsenal. Da war es, das Gipfelkreuz, und diese tiefe Zufriedenheit, nach der ich mich so gesehnt hatte.

Der Continental Cup ist nicht das größte Turnier, aber er war mein erster Titel mit Chelsea, meine erste echte Trophäe. Wir hatten als Team funktioniert und darauf vertraut, dass jede ihre Rolle übernimmt, so gut sie kann. Dieses Vertrauen hat mich durch ein Spiel getragen, von dem ich nicht mehr alles weiß und das ich trotzdem nie vergessen werde.

KAPITEL 23

CORONA BEI CHELSEA

Im März 2020, als die Super-League-Saison noch voll im Gange war und wir gute Chancen hatten, Meister zu werden, beendete Corona weltweit das Leben, wie wir es bis dahin kannten. Nachdem es einige positive Testergebnisse bei den englischen Teams gegeben hatte, setzten die Premier League, die European League of Football (EFL) und die Women's Super League (WSL) den Spielbetrieb vorläufig aus. Ende März ging das gesamte Land in den Lockdown. Erst Mitte Mai sollten wir in Kleingruppen wieder kontaktlos und streng kontrolliert trainieren dürfen. Jeden Morgen mussten wir auf dem Parkplatz vor dem Trainingsgelände im Auto sitzen bleiben, der Teamarzt ging herum und steckte uns durch die heruntergelassene Scheibe ein Teststäbchen in die Nase. Fast täglich verließ mindestens eine Spielerin ihr Auto nicht, ein Zeichen dafür, dass der Test positiv ausgefallen war. Auch wenn allen klar war, dass es jeden erwischen konnte, lag in den Blicken derjenigen, die in die Kabine durften, mitunter etwas Misstrauen: Hatte sie wirklich genug aufgepasst? War ich in den letzten Tagen in ihrer Nähe gewesen?

Bis wir auf dem Platz waren, wo wir uns mit genügend Abstand verteilen konnten, mussten wir eine Maske tragen. Es herrschte eine seltsame Atmosphäre aus Sorge, morgen selbst zu denen zu gehören, die wieder nach Hause fahren und sich isolieren mussten, Unsicherheit, wie sich die Lage weiter entwickeln würde, und Hoffnung, dass bald alles wieder so wäre wie gewohnt.

In dieser Zeit, in der alle verunsichert waren und niemand Erfahrung mit Pandemien hatte oder damit, wie man sich in einer weltweiten Coronawelle verhält, fing uns der Verein auf, so gut es ging. Der Teamgeist war damals noch stabil, wir hielten zusammen. Unsere Coaches schrieben uns in den strikten Lockdown-Phasen, in denen wir unsere Wohnungen nur zum Lebensmitteleinkauf verlassen durften, Trainingspläne für zu Hause, um uns fit zu halten. Es wusste ja keiner, ob und wann es wieder losgehen würde mit dem Spielbetrieb. Also sollten wir im heimischen Wohnzimmer Übungen mit dem eigenen Körpergewicht absolvieren oder die einmal pro Tag von der Regierung erlaubte sportliche Outdoor-Aktivität dazu nutzen, um eine Runde zu joggen.

Allerdings war ich nicht sehr motiviert. Ich bin Teamsportlerin, und allein im Appartement zu trainieren oder solo laufen zu gehen, erschien mir nicht sonderlich attraktiv. Ja, ich bin Profi, aber auch die haben ab und an Probleme, sich aufzuraffen. Mein innerer Schweinehund kläffte in dieser Zeit des kompletten Stillstands jedenfalls besonders laut.

Die Rettung kam schließlich in Gestalt meiner Schwester Kerstin. Sie wollte ein paar Kilo abnehmen, und da sie als Köchin im Lockdown nicht arbeiten durfte, hatte sie Zeit, um regelmäßig zu trainieren. Das wollte sie mit mir zusammen machen, wozu hatte sie eine Schwester, deren Beruf Sport war?

Mir kam diese familiäre Verpflichtung gerade recht und ich bastelte für jeden zweiten Tag ein 30-minütiges High-Intensity-Workout mit Stabilisationstraining zusammen, das ich als meine jeweils zweite Tageseinheit nachmittags gemeinsam mit Kerstin per Videoschalte absolvierte: Viermal eine halbe Minute Vollgas Knieheben, Sit-ups, Hampelmänner oder Liegestütz, mit jeweils 30 Sekunden Übungs- und zwei Minuten Satzpause zum Beispiel. Es ist erstaunlich, wie lang sich 30 Sekunden anfühlen können, wenn man am Anschlag ist. Und wie kurz, wenn man nach Atem ringend hofft, dass der Puls bis zur nächsten Runde wieder ein bisschen runtergeht.

Manchmal klinkten sich auch Mama und meine ältere Schwester Nicole ein und wir trainierten zu viert. Das machte richtig Spaß.

Kerstin entwickelte dabei einen bemerkenswerten Ehrgeiz. Selbst wenn sie bei jeder Übung vor Muskelkater stöhnte, weigerte sie sich, einen Tag mehr Pause zu machen, um sich zu erholen. »Auf keinen Fall, wir haben gesagt, jeden zweiten Tag, und das ist heute«, beharrte sie, und am Ende des ersten Lockdowns, als wir unser privates Fitnessstudio wieder auflösten, bedankte sie sich mehrfach bei mir, dass ich das mit ihr durchgezogen hatte. Dabei war es eigentlich umgekehrt und ich diejenige, die ihr dankbar sein musste. Ohne meine Schwester hätte ich nie so regelmäßig und schon gar nicht so intensiv trainiert. Hochintensive Einheiten spielten, abgesehen von kurzen Sprints, in meinem Fußballerinnen-Alltag keine Rolle. Durch den ungewohnten Reiz wurde ich fitter, als ich es vor Pandemiebeginn gewesen war. Genau rechtzeitig: Ab Juni durften wir wieder zusammenkommen, wenn auch unter strengen Vorgaben. Es begann die Zeit der Geisterspiele vor leeren Rängen, ohne Handschlag, mit Tests vor jedem Training, jedem Spiel und mit strenger Zonen-Aufteilung, um zwischenmenschlichen Kontakt und damit Infektionen möglichst zu vermeiden. Teils stellten die Vereine lebensgroße Pappfiguren von Menschen auf die Sitze und spielten Fangesänge vom Band ab, um der Atmosphäre im Stadion ein bisschen was von der Schwere und dem Gespenstischen zu nehmen.

Mir war es relativ egal, ob da jemand auf den Rängen saß oder nicht. Ich freute mich, dass ich einen Alltag zurückhatte, der zumindest entfernt an meine gewohnte Routine erinnerte. Die bestand mittlerweile darin, alles dafür zu tun, um den Kasten für Chelsea sauber zu halten. Man hatte mich zur ersten Torhüterin befördert. Früher, als ich das erwartet hatte, und auch nicht ganz ohne Reibung. Denn so professionell die Strukturen und der Umgang miteinander bei Chelsea waren, so wenig wurde ich mit den beiden anderen Torhüterinnen warm. Besonders Hedvig, die Torfrau aus Schweden, hatte mich als Konkurrenz gesehen, nicht als Ergänzung, und sich sehr kühl mir gegenüber verhalten.

Zu einem gewissen Grad konnte ich das nachvollziehen und bemühte mich erst noch darum, ihre Bedenken zu zerstreuen. Wir drei verfolgten doch alle das gleiche Ziel – keinen Ball reinzulassen und das Spiel zu gewinnen –, egal wer das schlussendlich im Tor praktisch umsetzte. Doch ich bin nicht sonderlich gut in Konfliktbewältigung oder darin, Krisengespräche zu führen. Nachdem ich ein paarmal mit Kommunikationsversuchen gescheitert war, zog ich mich auf das zurück, was ich konnte: den Kopf runternehmen und machen. Das kam bei Trainerin Emma Hayes wohl gut an. Nach nur drei Monaten durfte ich spielen, als Neuling, der mitten unter der Saison bei Chelsea eingestiegen war. Eine Seltenheit, und eine schöne Bestätigung für mich, trotz der teils widrigen Umstände innerhalb des Teams. Denn natürlich hatte Hedvig Freundinnen in der Mannschaft, die auf ihrer Seite standen. Aber auch ich hatte Unterstützerinnen, und Emma schien mir einiges zuzutrauen.

Schon im Bewerbungsgespräch waren wir sehr gut miteinander ausgekommen. Mit ihrer extrovertierten, zielorientierten Art beeindruckte sie mich. Sie wirkte so klar in dem, was sie sagte, und ich glaubte dieser charismatischen, robusten Frau jedes Wort, als sie mir vorschwärmte, wie großartig es bei Chelsea sei und wie erfolgreich wir zusammen werden könnten. Zunächst behielt sie auch recht. In meinen ersten drei Jahren in London gewannen wir unter anderem die Liga, den Continental Cup und den FA Cup Pokal. Ich konnte mein Glück kaum fassen, die Zeit der zweiten Plätze schien vorüber. Chelsea war das Geschenk, von dem ich nicht gewusst hatte, dass ich es mir gewünscht hatte … bis es dann irgendwann plötzlich nicht mehr so war.

Erst einmal durften wir aber weiter so tun, als wäre normaler Spielbetrieb. Corona, ja, aber bitte mit Dämpfer. Im Dezember waren sogar kurzzeitig wieder Zuschauer zu ausgewählten Spielen zugelassen. Es wurde weiter getestet und auf Abstand geachtet. Trotzdem war eines Morgens ich diejenige, die im Auto sitzen bleiben musste. Ich hatte mir eine Coronainfektion geholt. Sie machte mir ziemlich zu schaffen, ich hatte heftige Gliederschmerzen, war schlapp und verlor für eine Weile Geruchs- und Geschmackssinn. Hunger hatte ich wegen der Erkrankung ohnehin nicht viel. Dennoch war es seltsam, wie unattraktiv Lebensmittel wurden, die ich eigentlich gern aß, wenn sie nach nichts rochen und schmeckten wie Styropor.

Vielleicht war durch meine Vorerkrankung die Infektion schwerer ausgefallen, als das ohne Krebs der Fall gewesen wäre. Möglicherweise war mein Körper empfindlicher geworden. Zeitweise fühlte sich meine Haut jedenfalls an, als würde sie auf den Knochen verbrennen. Zwei, drei Tage lang war ich komplett platt und bereits nass geschwitzt, wenn ich mich nur vom Bett auf die Toilette schleppte. Ich verpasste das Champions-League-Spiel gegen Wolfsburg, das wir trotz recht guter Ausgangsposition verloren. Diese Niederlage passiv von zu Hause aus mitansehen zu müssen, als diejenige, die normalerweise im Tor gestanden und das Spiel vielleicht anders hätte gestalten können, war hart.

Das Schlimmste aber war, dass ich an Weihnachten nicht nach Hause fliegen konnte. Mit positivem Test hätte mich keine Fluggesellschaft an Bord gelassen, aber dieses blöde zweite Strichlein auf dem Plastik-Teststab wollte einfach nicht verschwinden.

Es war das erste Mal, dass ich Weihnachten getrennt von meiner Familie würde feiern müssen, und das gefiel weder mir noch ihr sonderlich. Da es sich aber nicht ändern ließ, beratschlagten wir, wie wir das Beste aus der gegebenen Situation machen könnten, und beschlossen, zumindest zusammen Abend zu essen. Das bedeutete: Meine Familie feierte bei Mama, Jess und ich waren in unserer Londoner Wohnung, da wir auch innerhalb von England nicht reisen durften, um ihre Eltern zu besuchen. Um 18.30 Uhr schalteten wir uns über Video zusammen zum Weihnachtsdinner. Leider hatten wir nicht alle das gleiche Gericht vor uns stehen. Unser Familienklassiker, Maultaschen mit Seidewöscht – das sind Wiener Würstchen auf Schwäbisch –, war selbst im mondänen London zu Coronazeiten nicht aufzutreiben. Aber Chelsea hatte allen Spielerinnen eine Box mit Gemüse, Obst, Fleisch und anderen Lebensmitteln geschickt, aus deren Inhalt wir uns unser Weihnachtsessen zusammenstellten: Lamm mit Rotkohl und zum Nachtisch eine Mousse aus dem Päckchen, das ich mir ein paar Monate vorher aus Deutschland mitgebracht hatte. Dazu zündeten wir eine Kerze an, und bei Mama dudelten im Hintergrund Weihnachtslieder. Es war fast ein bisschen besinnlich, die Gespräche sprudelten, und ich hatte einen schönen Weihnachtsabend mit Jess, ihrer und meiner Familie. Trotz der Entfernung von zu Hause und obwohl ich das Lamm wegen Covid noch immer nicht richtig schmecken konnte.

KAPITEL 24

»HALLO, HIER IST MICHAEL FUCHS«

Mein Handy klingelte. Ich nahm es aus der Hosentasche und schaute aufs Display: unbekannte Nummer. Kurz zögerte ich. Meistens ging ich dann nicht ran, weil bei solchen Anrufen am anderen Ende jemand eine Umfrage machen oder mir ein Abo verkaufen wollte. Ende 2018 schien das aber noch anders gewesen zu sein – oder ich weniger misstrauisch. Jedenfalls hob ich ab.

»Hallo?«, meldete ich mich.

»Hallo, hier ist Michael Fuchs.«

Michael Fuchs? Mein Hirn ratterte – war das einer aus meiner ehemaligen Schule oder einem Ex-Verein? Es dauerte einen Moment, bis der Groschen fiel: Michael Fuchs war der Torwarttrainer der deutschen Frauen-Fußballnationalmannschaft! Mein Herz machte einen Satz und fiel dann in ein stakkatoartiges Holpern. Das musste der Anruf sein, auf den ich seit Jahren gehofft, den ich aber in diesem Moment überhaupt nicht erwartet hatte: die Einladung ins Nationalteam.

Atemlos lauschte ich, als Michael sagte: »Wir möchten dich gern beim nächsten Nationalkader-Lehrgang in Frankfurt dabeihaben.« Nur um dann irgendwas zusammenzustottern wie: »O krass, cool … muss ich jetzt noch irgendwas machen?«

Er lachte leise und erklärte mir dann, dass ich eine E-Mail mit allen nötigen Informationen bekommen würde: wann ich wohin kommen sollte, was ich alles einpacken musste, wo das Training stattfinden und wo ich untergebracht sein würde. »Wir freuen uns, dich bald zu sehen«, meinte Michael zum Abschied. Dann legten wir auf und ich … widmete mich wieder dem Haushalt. Ganz *business as usual* schob ich den Staubsauger durch die Wohnung und machte mich dann daran, das Abendessen zu kochen. Als Jess nach Hause kam und ich ihr von der Neuigkeit erzählte, fiel sie mir um den Hals, packte mich an den Schultern und rief: »Mann, Nationalmannschaft, Ann! Hallo? Ist das schon bei dir angekommen?« Auch meine Familie freute sich riesig über die Einladung. Ich selbst blieb dagegen sehr verhalten, obwohl mein Kopf nun vielleicht bald ohne Tesafilm auf einem Poster der Nationalmannschaft zu sehen sein würde. Dass ich als jemand, der seine gesamte Karriere außerhalb der DFB-Strukturen und seine halbe außerhalb des Landes verbracht hatte, eine solche Chance bekam, war mehr als unwahrscheinlich gewesen. Und genau das hielt mich in meinem Enthusiasmus zurück: Vielleicht ist das mein erstes und letztes Mal, dachte ich. Ich gucke erst mal und feiere dann, wenn ich weiß, ob das wirklich cool ist.

Doch es war mehr als cool. Wenn auch nicht von Beginn an. Als ich einige Wochen später in Frankfurt ankam, unserem provisorischen Stützpunkt, da wir damals noch keinen offiziellen hatten, fühlte ich mich regelrecht eingeschüchtert. Bis auf zwei Mädels, mit denen ich früher in Potsdam gespielt hatte, kannte ich niemanden persönlich. Zu lange war ich schon weg aus Deutschland. All die Spielerinnen live zu sehen, die ich nur aus dem Fernsehen kannte, war großartig und beängstigend zugleich. Erst ganz langsam sickerte in mein Bewusstsein, dass das hier wirklich passierte. Ich hatte es in die Nationalmannschaft geschafft. Wem ich das zu verdanken hatte, konnte ich nicht sicher sagen, der Posten des Nationalcoachs war gerade in einer Übergangsphase.

Mein erster Lehrgang war der letzte, bei dem Horst Hrubesch noch anwesend war. Martina Voss-Tecklenburg war offiziell bereits als neue Nationaltrainerin vorgestellt worden. Schon damals verstand ich mich gut mit Horst, ich mochte seine direkte Art und seinen trockenen Humor, und obwohl ich noch gar nichts zur Nationalmannschaft beigetragen hatte, bekam auch ich ein Abschiedsgeschenk von ihm: ein kleines Kissen, was ich sehr nett fand, von dem ich aber bis heute nicht weiß, warum er sich dafür entschieden hat. Vielleicht war ich zu neu, um es zu verstehen. Martina war zurückhaltender, aber ebenfalls sympathisch. Ich freute mich auf die Woche, die vor uns lag.

Die war sehr intensiv. Ein bisschen Zeit verbrachte ich mit den anderen, aber da ich noch niemanden kannte, war ich auch oft allein. Gefühlt stolperte ich hauptsächlich von Meeting zu Training zu Meeting.

Die Tage waren vollgepackt mit haufenweise neuen Eindrücken. So vielen, dass ich sie gar nicht alle verarbeiten konnte. Ich bin jemand, der am liebsten am Rand steht, sich alles anguckt und im Moment bleibt. Wenn aber jeder Moment aufgeladen ist mit neuen Reizen, Informationen und Situationen, kann das ganz schön anstrengend sein. Jedenfalls fühlte ich mich ziemlich ausgelaugt, als ich nach einer Woche mit den Mädels meine Sachen packte und zurück nach England flog. Doch ich war auch glücklich. Ich war eine von nur 23

Frauen, die für ihr Land spielen durften, und das fühlte sich doch noch einmal krasser an, als für einen Verein anzutreten. Irgendwie surreal.

Meine Familie platzte jedenfalls vor Stolz auf mich, vor allem, als mich Martina Voss-Tecklenburg im Dezember 2020 beim EM-Qualifikationsspiel gegen Irland ins Tor stellte. Mich selbst ärgerte mein Auftritt in diesem Spiel eher: Ich hatte das einzige Gegentor in unserer ansonsten makellosen EM-Qualifikation kassiert, einen Foulelfmeter der Irin Katie McCabe. Obwohl unsere Nationaltrainerin ganz klar kommunizierte, dass »das jetzt nicht an Anne lag, dass dieses Tor passiert ist«, war ich unzufrieden mit meiner Leistung. Der Treffer war unnötig, er wurmte mich. Bei der EM und auch in den beiden Jahren danach saß ich für Deutschland nur noch auf der Bank und schaute zu, wie Merle Frohms im Tor ablieferte. Sie war eine starke Torhüterin mit deutlich mehr Nationalteamerfahrung – und während es auf dem Feld elf Möglichkeiten gibt, zu spielen, ist es im Tor eben nur eine.

Immerhin durfte ich bei der EM 2022 in England mit dabei sein. Der Europameisterschaft, die einen regelrechten Hype um den Frauenfußball lostrat: Im Schnitt schalteten mehr als acht Millionen Menschen den Fernseher an, wenn die deutschen Fußballerinnen spielten. Ich ließ mich von der Euphorie mittragen, und auch wenn ich nur zusah, war das Mannschaftsgefühl trotzdem da. Ich freute mich über den Erfolg, den wir hatten, mindestens genauso sehr wie die Medien, die jubilierten »Deutschland im Halbfinale!« oder »Der Traum vom neunten EM-Titel lebt!«. Doch gegen Ende des Turniers bekam ich eine Nachricht, die ich am liebsten gar nicht, zumindest aber erst nach dem Finale bekommen hätte: von meiner Ärztin in London, die sich um die Kontrolluntersuchungen nach meiner Krebserkrankung kümmerte, seit ich bei Chelsea spielte.

KAPITEL 25

ER IST WIEDER DA

Als ich die Stimme meiner Ärztin durch das Handy hörte, dachte ich mir erst nicht viel dabei. Vor ein paar Tagen hatte ich einen Termin bei ihr in der Praxis gehabt, und es war ganz normal, dass sie mich anrief, wenn ihr die Ergebnisse der Untersuchungen vorlagen. In den vergangenen fünf Jahren war nie etwas auffällig gewesen, weshalb ich auch jetzt entspannt auf ein erneutes »Alles okay« wartete. Doch das kam nicht. Im Gegenteil waren die Kontrollergebnisse wohl »nicht ganz eindeutig«, wie sie es formulierte. Sie bat mich, nochmals vorbeizukommen für einen Ultraschall und eine MRT. In der Blutprobe sei ein Wert erhöht, der als Tumormarker gilt. Das müsse per bildgebendem Verfahren überprüft werden.

»Aber ich bin gerade bei der EM!«, antwortete ich, atemlos und überrumpelt. Ich konnte mich jetzt doch nicht in irgend so ein Gerät legen. *»I'm sorry«*, erwiderte sie, wiederholte aber, dass eine weitere Untersuchung dennoch notwendig sei. Wir einigten uns darauf, dass ich am Nachmittag des nächsten Tages zu ihr kommen sollte. Dieser Termin kollidierte am wenigsten mit den Pressekonferenzen, Trainings und Medienterminen rund um die Europameisterschaft.

Glücklicherweise würde das Finale in Wembley stattfinden, wir waren mit der Mannschaft schon in London – also dort, wo ich lebte und wo sich auch das Krankenhaus befand, in dem die Nachuntersuchung stattfinden sollte. Es würden nur etwa 40 Minuten Fahrt dorthin sein, und nachdem sich der erste Schreck gelegt hatte, war ich wieder im Funktionsmodus und wollte diesen Termin so bald wie möglich abhaken. Der Wert könnte aus allen möglichen Gründen höher sein. Je eher klar war, was Sache war, desto schneller konnte ich mich wieder ganz auf die Europameisterschaft konzentrieren.

Also marschierte ich am nächsten Morgen vor dem Training zu den Coaches und teilte ihnen mit, dass ich jetzt gleich noch dabei sein könne, am Nachmittag aber frei brauche, da ich eine wichtige Untersuchung habe. Sie wussten um meine frühere Erkrankung und verstanden, dass dieser Termin keine Ausrede für einen faulen Nachmittag war. Sie befreiten mich vom Training und wünschten mir alles Gute. Davor ließ ich mir aber von ihnen versprechen, dem Team nichts zu sagen. Ich wollte die Stimmung nicht kaputtmachen, es sollte nicht um mich gehen, zumal ja noch gar nichts Konkretes feststand. Offiziell war ich bei meiner jährlichen Untersuchung.

Eine hatte das Telefonat allerdings mitbekommen: meine Freundin Linda Dallmann. Sie bestand darauf, mich zur Untersuchung zu begleiten: »Du gehst da auf keinen Fall allein hin«, beharrte sie und bearbeitete mich so lange, bis ich nachgab und meinte: »Okay, wenn du unbedingt willst, komm mit. Aber ich möchte nicht, dass die Mannschaft was davon mitbekommt.« Sie nickte – und sagte wirklich niemandem ein Wort. Auch wenn ich ihr das in dem Moment nicht zeigte: Dass Linda bei der Untersuchung dabei war, bedeutete mir viel. Denn sowohl meine Partnerin Jess als auch Leanne waren zu diesem Zeitpunkt beide nicht in London. Linda wartete draußen, während ich meinen Hals durchleuchten ließ. »Es wird schon nichts sein«, beruhigte ich mich, während die Apparate klickten, surrten und piepten. Nach der Untersuchung fuhren wir schweigend zurück, die Stimmung gedrückt und beide in Gedanken. Es war gut, dass Linda nicht versuchte, ein Gespräch zu beginnen. Einfach still dazusitzen und durch den Londoner Feierabendverkehr zu ruckeln, war genau das, was ich gerade brauchte. Eine Weile dauerte es, aber mir gelang es, die negativen Gefühle zur Seite zu schieben. Ablenkung hatte ich schließlich genug: Das Turnier lief gut für uns, das war im Moment, was zählte, redete ich mir ein – und ich glaubte es wirklich.

Kurz vor dem Finale gegen England meldete sich die Ärztin dann erneut, wieder mit schlechten Nachrichten: Ein kleiner Teil der Schilddrüse, von dem sie erst gedacht hatte, dass die veränderte Struktur lediglich Narbengewebe sein könnte, war wieder vom Krebs befallen. Ich schluckte, für einen Moment musste ich mich sehr zusammenreißen, denn es waren noch zwei andere Mädels mit im Raum, eine davon Linda. »Sorry, ich bin gleich wieder da, das hier ist wichtig«, entschuldigte ich mich und verließ das Zimmer. Draußen auf dem Flur erklärte mir die Ärztin, dass der betroffene Bereich begrenzt genug sei, um diesmal ohne Operation und mit einer geringer dosierten Radiojodtherapie gute Heilungschancen zu haben.

Ich schwieg. Das war nicht so schlimm, wie es hätte sein können, aber wirklich schlechtes Timing. Gerade waren wir ins Finale eingezogen, die Fans feierten uns, jeder war total glücklich. Eben hatten wir noch darüber diskutiert, welche Lieder Linda, unsere nebenberufliche Mannschafts-DJane, vor dem Spiel in der Kabine auflegen wollte, und jetzt stand ich da und hatte Krebs. Zum zweiten Mal. Das war kein schönes Gefühl. Tiefe Enttäuschung stieg in mir hoch. Das war nicht gerecht, ich hatte seit der ersten Therapie keinen Alkohol getrunken, wenig Zucker und Salz gegessen, viel geschlafen und auf genügend Regeneration geachtet. Ich hatte auf mich aufgepasst, alles richtig gemacht und trotzdem war der Tumor wieder da. Was für eine Scheiße!

Kurz ließ ich mich in die Enttäuschung fallen, bemitleidete mich, motzte den da oben an, was der Mist sollte, und fand ein paar Minuten lang einfach alles beschissen. Dann atmete ich durch, richtete mich auf und konzentrierte mich auf das, was an all dem ein bisschen positiv war: Es würde keine OP geben, nicht noch einen Krankenhausaufenthalt, nicht noch eine Narbe. Vielleicht würde ich ja sogar beim Finale dabei sein und danach wie geplant in den Urlaub fahren können. Dieser Gedanke lockerte ein wenig die Schraubzwinge, die meinen Brustkorb seit Beginn des Telefonats umklammerte.

»Wann müssen wir die Therapie denn machen? Ist das dringend oder hat das noch so lange Zeit?«, fragte ich, nachdem ich die Ärztin kurz über meine Überlegungen in Kenntnis gesetzt hatte.

Sie reagierte sehr verständnisvoll und sicherte mir zu, dass ich mir überhaupt keine Sorgen zu machen brauchte. Die Therapie könne gut noch zwei, drei Wochen warten: »Da rennt uns nichts weg, das wird in der kurzen Zeit nicht schlimmer«, beruhigte sie mich, und mit der Aussicht auf ein paar weitere Wochen normales Leben ging es mir nochmals ein bisschen besser. Auch dass Linda Bescheid wusste, half mir. Sie hatte aus dem Anruf und meiner Mimik die entsprechenden Schlüsse gezogen und signalisiert, dass sie immer da sei, wenn ich Redebedarf hätte. Es war gut, zu wissen, dass da jemand war, auch wenn ich den Großteil wieder mit mir allein klären würde. So viel war mir klar. Ich hatte wenig Lust, mich mehr als unbedingt nötig mit der neuen Situation auseinanderzusetzen. Der Krebs war wieder da. In dem Punkt gab es nichts zu deuteln. Aber er würde erst meine Aufmerksamkeit bekommen, wenn es so weit war.

Und dieser Zeitpunkt war nicht im Finale (das wir verloren). Nicht in einem kurzen, schönen Urlaub mit Jess am Meer, in dem wir bewusst kein Wort über den Krebs sprachen, und auch dann nicht, als ich mit Chelsea mehr oder weniger direkt nach meiner Rückkehr zur Saisonvorbereitung nach Portland flog. Der Krebs machte sich nicht bemerkbar, ich fühlte mich fit. Dem Verein musste ich aber natürlich sagen, was los war. Unsere Trainerin Emma und das Management weihte ich umgehend nach meiner kurzen Auszeit ein, bat aber darum, zunächst ganz normal mit der Mannschaft trainieren zu dürfen, bevor ich den Mädels Bescheid sagte. Ich wollte es machen wie schon in Birmingham und den anderen zeigen, dass ich uneingeschränkt trainieren konnte; dass alles okay war, es mir gut ging und es für die Mannschaft und meine Rolle darin gar keinen so großen Unterschied machte, ob ich nun eine Diagnose hatte oder nicht. Ich wollte zeigen, dass ich die gleiche normale Person war, die wie immer mit ihnen auf dem Platz stand. Also durchlief ich nochmals einen Trainingsvormittag mit dem Team, baute mich danach in der Kabine auf, sammelte mich ein letztes Mal kurz und verkündete: »Hört zu, Leute, mein Krebs ist wieder zurückgekommen.« Ich hatte mehr Herzklopfen, als ich erwartet hatte. Das lag aber eher daran, dass ich nicht gern im Mittelpunkt stehe, als an dem, was ich zu verkünden hatte.

In erschrockene Gesichter blickend beichtete ich, dass ich es schon vor dem EM-Finale gewusst habe, aber erst noch einmal habe zeigen wollen, dass es mir gut gehe und die Diagnose keinen großen Effekt auf mich habe. Ich erzählte, dass ich nächste Woche für drei Tage nicht da sein werde, weil ich die Radiojodtherapie machen müsse. Und ich fragte, ob jemand sonst noch etwas wissen wolle: »Ihr müsst euch keine

Sorgen machen oder vorsichtig mit dem Thema umgehen. Ich bin okay damit. Wenn ihr Fragen habt, fragt. Oder geht zum Teamarzt, wenn ihr was Spezielles wissen wollt.«

Tatsächlich betrachtete ich den Krebs mittlerweile als etwas Natürliches, das leider zu meinem Leben gehörte. Für eine Krankheit muss man sich nicht schämen, auch wenn ich immer wieder Menschen treffe, die das tun. Der Krebs zog mich nicht runter. Zumindest nicht so, wie es die meisten Leute vermuten, wenn sie meine Krankengeschichte hören. Für mich hat es sich auch nie wie ein Kampf angefühlt. Ich akzeptierte den Krebs, der mir ans Leben wollte, so, wie ich akzeptiere, dass da Gegnerinnen auf dem Platz stehen, die mir einen Ball ins Tor kicken wollen. Dass mir nicht gefällt, was sie tun, ist nicht ihre Schuld. Sie machen, wofür sie da sind – obwohl mir gegnerische Tore dann doch lieber sind als entartete Krebszellen. In beiden Fällen aber liegt es an mir, überlegt mit der Situation umzugehen und zu verhindern, dass sie mit ihrem Vorhaben erfolgreich sind. Das gelingt mir besser, wenn ich mich nicht vor ihnen hertreiben lasse, weder von den Gegnerinnen noch vom Krebs, sondern ruhig bleibe und mir anschaue, wo ich am effektivsten ansetze.

Meine Ruhe im Umgang mit der Diagnose schien sich auf meine Teamkolleginnen zu übertragen. Ein paar stellten Fragen, erkundigten sich danach, wie es mir »wirklich geht«, aber bald schon war meine Erkrankung im Teamalltag kein Thema mehr, und in den Tagen bis zur Therapie gingen alle mit mir um wie immer. Es war ja auch alles wie immer, bis auf meinen Speiseplan. Eine Woche vor der Therapie musste ich Diät halten. Nicht zum Abnehmen, sondern um meine körpereigenen Jodspeicher zu leeren. Salz, Milchprodukte, Fisch und Meeresfrüchte sowie bestimmte Süßigkeiten wie Lakritz und Schokolade – also alle jodreichen Lebensmittel – waren tabu. Durch dieses »Aushungern« würde sich die Jodaufnahmefähigkeit meiner Schilddrüse zum Therapiestart verbessern und die Kapsel stärker wirken. Ich hatte allerdings Bedenken, ob das mit der Diät klappen würde. Schließlich waren wir in den USA, einem Land, in dem Salz, Zucker und Fett in quasi jedem Lebensmittel stecken. Wir waren im Trainingscamp und auf das angewiesen, was in der Unterkunft für uns zubereitet wurde. Doch ich hatte Glück. Die Dame, die für unsere Verpflegung zuständig war, zeigte sich sehr aufgeschlossen, fast schon mütterlich. Sie erkundigte sich ganz genau, was ich essen durfte und was nicht, kochte für mich alles frisch und mit viel Gemüse. Sogar spezielle Desserts bereitete sie mir zu, die mit meinen Ernährungsvorgaben vereinbar waren. Ich war wirklich gerührt und fühlte mich bei meinem Verein, in meinem Umfeld in Portland und Chelsea gut genug aufgehoben, um dem Krebs noch einmal zu zeigen, wer hier am längeren Hebel sitzt.

Dennoch war ich, als ich nach der Rückkehr aus den USA zur Radiojodtherapie antrat, ziemlich nervös. Ich wusste, was auf mich zukommen würde, und das war beim ersten Mal sehr unangenehm gewesen. Die Vorstellung, wieder in diesem LED-gefluteten Raum eingesperrt zu sein, ohne Fenster, ohne Besucher und ohne vernünftiges Internet zur Ablenkung, lastete ziemlich schwer auf mir. Mental bereitete ich mich schon seit Tagen auf den Bunker vor, überlegte mir, wie ich die Stunden so ausfüllen könnte, dass sie möglichst schnell vorbeigingen. Doch als ich im Krankenhaus ankam und mich am Empfang zur Therapie meldete, brachte mich die Krankenschwester nicht in den Keller, sondern in den dritten Stock. In London war die Therapiestation kein Bunker. Dort gab es vier Zimmer, die etwas verwinkelt zueinanderstanden, sodass man zwar hören konnte, was sich darin tat, aber niemanden sah. Ich betrat meinen Raum, und der hatte ein Fenster!

Fast schon begeistert stellte ich meine Tasche auf dem Bett ab, das nahezu die gesamte Bodenfläche einnahm. Ja, es war winzig, aber hier ließ es sich deutlich besser aushalten als im Kellerbunker. Da ich diesmal eine geringer dosierte Radiojodkapsel bekam, waren die Sicherheitsvorkehrungen auch weniger streng. Ich musste nicht in die hinterste Ecke verschwinden, wenn mein Essen kam, sondern lediglich auf dem Bett sitzen bleiben. Ab dem zweiten Tag durfte ich sogar für je 45 Minuten Besuch empfangen. Leanne, die inzwischen Trainerin bei Arsenal war, schaute vorbei. Auch Jess besuchte mich, und nicht zuletzt war das Internet im dritten Stock deutlich besser als im Keller, sodass ich ganz gut abgelenkt war. Die Situation an sich war für mich deutlich besser zu ertragen als beim ersten Mal.

Trotzdem fühlte sich diese zweite Behandlungsrunde anstrengender an für mich. Mein Körper war zwar noch immer fit, aber auch fünf Jahre älter. Daran erinnerte mich ein Tattoo, das seit der ersten überstandenen Krebserkrankung auf meinem Oberarm prangte und nun unter dem kurzen Ärmel meines Krankenhausshirts hervorlugte: ein Kompass, an dessen Spitzen die Daten 17.11.2017, 5.12.2017 und 21.1.2018 gesetzt waren – der Tag der ersten Diagnose, der OP und der Radiojodtherapie im Bunker. Damals hatte nicht mein Körper geschwächelt, der hatte sogar die Gymnastikbandübungen mitgemacht, sondern mein Kopf.

Nun, 2022, war es andersherum. Die meiste Zeit lag ich matt auf meinem Bett und döste vor mich hin. Viel Platz, um etwas anderes zu tun, gab es eh nicht. Ich war unendlich müde, so als wäre ich einen Marathon gelaufen. In der ersten Nacht bekam ich dann Schmerzen unten am Kiefer. Das war nicht ungewöhnlich, denn unter der Bestrahlung durch das radioaktive Jod in der Kapsel machen die Lymphknoten zu und werden fest, hatte man mir erklärt. »Wenn du eine

Schmerztablette brauchst, sag Bescheid«, beschied mir die Schwester, bevor sie mit dem leeren Abendessenstablett das Zimmer verließ. Doch dafür war ich zu stolz, so was brauchte ich nicht. Ein paar verkrampfte Lymphknoten würde ich ja wohl ohne Tabletten aushalten. Stundenlang lag ich wach und quälte mich mit dem zunehmenden Schmerz, hoffte, einfach einzuschlafen und ihn nicht mehr zu spüren. Aber irgendwann ging es nicht mehr und ich fragte doch nach einem Schmerzmittel. Das wurde schnell gebracht und wirkte richtig gut. Wie dämlich verbohrt war ich gewesen, sogar dann noch gegen meinen eigenen Körper in den Wettstreit gehen zu wollen, wenn der ernsthaft kämpfte? Ich hätte mir eine halb durchwachte Nacht sparen können, wenn ich meinen Sturkopf für einen Moment ausgeschaltet hätte, dachte ich noch beim Einschlafen. »Typisch Anne«, hätte meine Mutter gesagt und den Kopf geschüttelt.

Unangenehmer als die festen Lymphknoten und nicht so einfach per Tablette zu beseitigen waren jedoch die Geräusche aus dem Nachbarzimmer. Dort war ein junges Mädchen untergebracht, das die Therapie überhaupt nicht vertrug. Regelmäßig war ein Würgen zu hören, wenn sie sich übergab, dazwischen immer wieder Wimmern und Stöhnen. Sie schien sehr zu leiden. Anfangs fand ich es schwer, das zu hören. Doch mit der Zeit änderte ich meine Wahrnehmung davon, meine Einstellung dazu. Jedes Mal, wenn ich etwas aus ihrem Raum hörte, schloss ich die Augen und sagte mir: »Anne, dir geht es eigentlich gar nicht so schlecht. Dir geht es gar nicht so schlecht.« Und das hat mir unheimlich geholfen, die Müdigkeit und die Kieferschmerzen hinzunehmen. Ähnlich wie beim ersten Mal und doch anders.

Am letzten Tag war ich sogar wieder so weit hergestellt, dass ich das Gymnastikband, das ich natürlich wieder eingepackt hatte, herausnahm und ein paar Übungen absolvierte, die auf der wenigen freien Zimmerfläche möglich waren. Als ich den schuhkartongroßen Raum verließ, hüpfte mein Herz. Es war vorbei, ich hatte es geschafft, zum zweiten Mal. Morgen würde ich wieder mit meinem Team trainieren.

KAPITEL 26

ZURÜCK UND RAUS

Meine Erkrankung war mittlerweile öffentlich bekannt. Mit meinem Einverständnis hatte Chelsea nach der Rückkehr aus Portland ein offizielles Statement abgegeben und auch ich hatte auf meiner Instagram-Seite eine Erklärung gepostet, unter die ein paar Fans *»All the Best«*-, *»Get well soon«*- und *»Courage!«*-Posts gesetzt hatten.

Mir war wichtig, dass alles klar kommuniziert war, damit Gerüchte gar nicht erst entstehen konnten. Dass ich nach nur vier Wochen das erste Spiel machen und in der Women's Super League gegen Manchester City 2:0 halten würde, damit hatte mein Verein aber trotz klarer Kommunikation anscheinend nicht gerechnet. Als ich mich am Morgen nach der Therapie bei Chefcoach Emma und dem Trainerteam zurückmeldete, erfuhr ich, dass der Verein eine neue Torhüterin verpflichtet hatte. »Wir wussten ja nicht, wie du zurückkommst«, beschied man mir – was so nicht stimmte. Ich hatte Emma und dem Management deutlich gesagt, dass ich die Therapie kannte und wusste, dass ich mich schnell davon erholen würde. Und selbst wenn sie meiner Einschätzung nicht geglaubt hatten, hätten sie sich mit dem Teamarzt oder den Spezialisten, die mich behandelten, in Verbindung setzen können. Vertrauten sie mir nicht? Oder hatte es sie schlicht nicht interessiert?

So schnell ersetzt zu werden, nagte an mir. Zumindest so lange, bis nach einigen Spielen klar wurde, dass die neue Torfrau, Nicky Evrard aus Belgien, tatsächlich nur ein Backup war. Sie spielte nie, und im August 2023 lieh sie Chelsea nach Brighton aus. Zu dieser Zeit kriselte es schon innerhalb des Teams. Die Stimmung in der Mannschaft hatte sich im Vergleich zu meinen ersten Jahren bei Chelsea verändert. Der Zusammenhalt, der trotz gelegentlicher Reibereien immer vorhanden gewesen war, bröckelte. Nicht mehr nur mit meinen Kolleginnen im Tor gab es Spannungen. Manchmal herrschte eisiges Schweigen in der Umkleide, dann wieder war alles normal und kameradschaftlich. Je nachdem, wer zugegen war.

Natürlich kann die Stimmung mal kippen, wenn zwei Dutzend Menschen so eng und teils unter hohem Druck miteinander arbeiten. Doch bei Chelsea spielten inzwischen so viele Weltstars, dass es eng wurde im Scheinwerferlicht auf der Vereinsbühne. Es gab – im übertragenen Sinn – immer mehr Gedränge, und da bekommt man auch mal einen Ellbogen ins Gesicht. Sei es absichtlich oder aus Versehen. Noch schafften wir es aber, grundsätzlich respektvoll und teils sogar freundschaftlich miteinander umzugehen. Uns zusammenzuraufen, wenn es darauf ankam. Anders wären Spiele wie das gegen Lyon im Viertelfinale der UEFA Women's Champions League 2023/24 nicht möglich gewesen. Das Hinspiel in Lyon hatten wir 0:1 für uns entschieden. Um ins Halbfinale zu kommen, musste Olympique Lyonnes im Rückspiel nun mit zwei Toren Vorsprung gewinnen. Unwahrscheinlich war das nicht, denn die Französinnen gehörten seit gut 15 Jahren zu den Top-Mannschaften in Europa. Ja, wir hatten Weltklassespielerinnen wie die mehrfache Französische Meisterin, Women's-Champions-League- und Olympiasiegerin von 2021, Kadeisha Buchanan, oder die vielfache Englische Meisterin und Torschützenkönigin Sam Kerr. Lyon aber war geballte Fußballfrauenpower mit Leuten wie der damals schon sechsmaligen Champions-League-Siegerin Ada Hegerberg, die mit 66 Treffern die ewige Torschützenliste der Frauen-Königsklasse anführt. Mit Kapitänin Wendie Renard, die achtmal die Champions League und damals viermal die Premiere League gewonnen hatte, oder der kanadischen Olympiasiegerin von 2020, Vanessa Gilles.

Von Beginn an schien die Luft in Stamford Bridge zu brennen. Unsere Mannschaft warf sich mit allem, was sie hatte, in das Spiel. Wir rannten, gingen in Zweikämpfe, waren organisiert – unser Wille, dieses Viertelfinale zu gewinnen, war riesengroß. Lange gelang es uns, Olympique torlos zu halten.

Doch in der 77. Minute brach Lyon doch zu mir durch und ging mit 1:0 in Führung. Als wäre ein Damm gebrochen, legten die Gäste in der Nachspielzeit, ungefähr in der 110. Minute, mit einem zweiten Tor nach. Das hätte gereicht, um uns aus dem Turnier zu werfen. Aber das Spiel war noch nicht vorbei – und als die Französin Vicki Becho wenig später Lauren James im 16er zu Fall brachte, tat sich für uns eine Möglichkeit auf, auszugleichen. Wenn das ein Foul war, würden wir einen Elfmeter bekommen, also eine Torchance, die wir mit hoher Wahrscheinlichkeit verwerten konnten. Die Entscheidung dauerte eine gefühlte Ewigkeit. Als die Schiedsrichterin schließlich vom Videomonitor zurück auf den Platz trabte, die Hand hob und den Elfmeter gab, wurde es totenstill im Stadion. Eine seltsame Stimmung, wie ich sie noch nie erlebt hatte, die Luft war zum Zerreißen gespannt. Maren Mjelde ging nach vorn und legte den Ball auf den Abstoßpunkt. Traf sie, würde das Match ins Elfmeterschießen gehen. Dass sie treffen würde, da war ich mir ziemlich sicher. Ich hatte mit Maren bei Turbine Potsdam gespielt und oft mit ihr Elfmeterschießen geübt. Sie ist eine der am schwersten zu lesenden Torschützinnen, die ich kenne, und würde der Torhüterin von Lyon nichts schenken. Als Maren den Ball tatsächlich souverän rechts oben ins Netz ballerte, explodierte das Stadion förmlich. Die Anspannung entlud sich kurz wie ein Feuerwerk, nur um bald darauf, zum ersten Elfmeter der Französinnen, wieder zu andächtigem Schweigen zu verstummen.

Für den Schuss stellte sich Wendie Renard hinter dem weißen Punkt auf dem Rasen auf. Niemand hätte sich gewundert, wenn der Ball ins Netz gegangen wäre. Es war zu erwarten gewesen, dass eine Schützin wie sie den Elfmeter verwandelt. Doch als sie den Ball abgelegt und sich wieder aufgerichtet hatte, passierte etwas, das mir nie zuvor und auch nachher nie mehr passiert ist: Ich wusste, dass sie auf meine linke Seite schießen würde. Das erste Mal achtete ich nicht auf die Körpersprache der Spielerin. Ich vermutete auch nicht nur, wohin sie den Ball schieben würde. Ich wusste es mit absoluter Sicherheit. Und parierte. Es war der erste verschossene Elfmeter für Olympique. Nachdem auch wir einen Ball in die Arme der gegnerischen Torhüterin gelupft und beide Teams mehrere Elfmeter versenkt hatten, trat Lindsey Horan für Lyon an den Abschusspunkt. Ich kannte die amerikanische Olympiadritte von 2020 ein wenig aus meiner Zeit bei PSG. Darauf gewettet, dass ich sie gut genug einschätzen konnte, um ihren Schuss zu halten, hätte ich trotzdem nicht.

Lindsey holte tief Luft und lief an. Ich sah, wie im Rennen ihr Körper von meiner Position aus gesehen leicht nach rechts kippte. Also warf ich mich auf diese Seite, machte mich lang – und kam mit den Fingerspitzen so an den Ball, dass er abgelenkt wurde und seitlich vom Tor wegspickte. Das war die entscheidende Parade gewesen, unser Ticket ins Halbfinale! Keine Ahnung, was in diesem Moment in mich gefahren ist, aber ich rannte los, streckte Daumen und Zeigefinger pistolenartig aus, schüttelte kurz den Oberkörper, wie man das beim sogenannten Shimmy-Tanz macht, bevor ich mich jubelnd auf die Knie fallen und über den Rasen rutschen ließ. Diese für mich völlig untypische Darbietung, vermutlich das Ergebnis aus überschießendem Adrenalin und purer Freude, hat es zu einer digitalen Zweitkarriere gebracht: Den Shimmy gibt es als GIF in der WhatsApp-Bibliothek. Und manchmal macht sich jemand aus meiner Familie oder dem Freundeskreis einen Spaß daraus, eine Nachricht von mir damit zu kommentieren. Was für mich von diesem Spiel aber stärker haften geblieben ist als die GIF-Datei, war der Zusammenhalt; diese großartige Teamleistung, mit der wir eine spielerisch an sich überlegene Mannschaft geschlagen haben. Es war – ähnlich wie das Arsenal-Derby 2020 – ein Spiel, in dem mentale Stärke über technisches Können triumphierte.

Das war nicht erwartbar gewesen, denn genau dieser Spirit hatte sich bei Chelsea über die Jahre etwas ausgedünnt. Zumindest phasenweise prallten unterschiedliche Wahrnehmungen auf mangelnde Kommunikation – und das führte zu Frust und Spannungen. Jess zum Beispiel wurde vorgeworfen, mehrere Spielerinnen hätten sich darüber beschwert, dass sie manchmal Informationen »zu streng« kommuniziere. Wer das war, müsse aber geheim bleiben, sonst wäre das ein Vertrauensbruch den anderen gegenüber. Was blieb, war ein ungutes Gefühl, ohne die Möglichkeit, etwas dagegen tun, sich entschuldigen oder erklären zu können.

Auch ich musste zunehmend um meine Stellung in der Mannschaft kämpfen, vermehrt seit der Verein die junge Schwedin Zećira Mušović als Torhüterin ins Team geholt hatte.

Sie war gut, das musste man ihr zugestehen, und nicht unhöflich. Aber sie war charakterstark, wusste sich durchzusetzen und war damit das genaue Gegenteil von mir. Introvertierte Menschen haben es im Fußball schwer, entsprechend geriet ich immer mehr in den Hintergrund.

Es dauerte nicht lange, bis Zećira mich regelmäßig bei Spielen ersetzte. Eine gewisse Rotation hätte ich nicht schlimm gefunden, das ist normal und gut. Ich bekam jedoch immer mehr den Eindruck, dass ich zurück in die zweite Reihe geschoben wurde, ohne dass jemand mit mir darüber redete. Wenn ich die Vereinsführung darauf ansprach, warum ich nur noch selten von Spielbeginn an im Tor stand, machte sie unbestimmte Ausflüchte wie: »Deine Ausstrahlung reicht nicht aus.« Oder: »Du bist gerade nicht gut genug.« Es war, als sollte ich etwas sein, das ich nicht war. Einen Stil spielen, der mir nicht entsprach.

Da weder Stuart, unser Torwarttrainer, noch ich die Entscheidung, mich nicht spielen zu lassen, an einer bestimmten Schwäche festmachen konnten, konnten wir auch nichts daran ändern oder etwas verbessern. Für mich bedeutete diese Situation einen Kontrollverlust, und der erschütterte mein Selbstbewusstsein im Tor beträchtlich. Ich fühlte mich verletzt, ohnmächtig und hilflos, hinterfragte alles. Emotional wurde ich immer instabiler: Ein falscher Blick, eine zweideutige Bemerkung von Chefcoach Emma und meine Stimmung sauste für Stunden in den Keller. Vielleicht wollte der Verein mehr aus mir herausholen. Ich aber hatte das Gefühl, dass ich mich verbiegen sollte, dass ich als Mensch und Torhüterin so, wie ich war, nicht (mehr) in Ordnung war. In gleichem Maß, wie meine Selbstzweifel stärker wurden, ließ meine spielerische Leistung nach. Da konnte ich mir noch so sehr einreden, dass Fußball nun mal ein Job, ein Geschäft und nicht nur Spaß ist und sich die Dinge eben ändern.

Ich begann, Fehler zu machen, die ich vorher nie gemacht hätte. Damit wiederum lieferte ich Argumente, mich noch seltener aufzustellen, wodurch ich immer unsicherer wurde. Meine Stärken im Tor waren auf einmal Schwächen. Ein Teufelskreis und eine sehr belastende Phase. So belastend, dass Jess und ich die Abmachung trafen, nur auf dem Weg von der Umkleidekabine zum Auto auf dem Vereinsparkplatz über Fußball und den Trainingstag zu reden, und dann nicht mehr. Auch mit Emma sprach ich ein halbes Jahr lang nur noch das Nötigste. Aus Selbstschutz. 2024, kurz vor Ende der englischen Saison, steckte ich schließlich komplett auf und verließ Chelsea für den amerikanischen Verein NJ/NY Gotham FC. Als ich die Kabinentür in Chelseas Katakomben an meinem finalen Tag hinter mir schloss, fühlte ich eine Erleichterung, die mich das letzte Mal nach der bestandenen Führerscheinprüfung durchströmt hatte. Es war vorbei, ich hatte es hinter mir.

Dennoch sehe ich meine Zeit bei Chelsea als Erfolg. Natürlich wegen der Titel und der neuen Erfahrungen, die ich in diesem großen internationalen Verein sammeln durfte. In 65 Spielen war ich eingesetzt worden, in 35 davon war ich torfrei geblieben. Das bedeutet eine Gegentorquote von 0,67 im Schnitt beziehungsweise eine Abwehrquote von 75,7 Prozent. Damit muss ich mich nicht verstecken.

Aber Chelsea war auch deshalb eine wichtige Station in meiner Karriere, weil ich das Versprechen, das ich dem Club gegeben habe, nicht gebrochen und meine Mannschaft nicht im Stich gelassen habe. Auch wenn es zeitweise noch so blöd, anstrengend und unangenehm war. Oft habe ich mit der Entscheidung gerungen, weiterzumachen, obwohl ich auf der Bank saß und das Gefühl hatte, nicht gebraucht zu werden. Aber ich habe nicht die einfachste Lösung gewählt, als es nicht mehr so lief, wie ich es mir erhofft hatte. In Chelsea habe ich gute Freunde gefunden und ich durfte in einer Mannschaft mit vielen großartigen Charakteren spielen. Ich habe eine Menge gelernt, bin stärker und besser im Tor geworden.

Trotz aller Erleichterung fiel es mir deshalb schwer, meinen Teamkolleginnen zu sagen, dass ich den Verein drei Monate vor Vertragsende verlassen würde. Und bis heute bin ich stolz darauf, für Chelsea gespielt zu haben.

KAPITEL 27

ENTSCHEIDUNG FÜR NEW YORK

Die Sonne hatte sich den Himmel über dem Hudson River schon erobert. Noch war es angenehm kühl, um die 15 Grad. Später sollten die Temperaturen auf um die 25 Grad steigen, vielleicht auch 28, je nachdem, in welcher Wetter-App man nachschaute. Nicht ganz so heiß wäre gut, vor allem für die Feldspielerinnen, die permanent Sprints einlegen mussten. Aber auch mir war es lieber, wenn die Sonne mir nicht ganz so heftig auf den Kopf knallte.

Es war neun Uhr morgens, ich saß zusammen mit Jess am Tisch in unserer kleinen Küche, eine Schale Müsli vor mir. In etwa einer halben Stunde würden wir unsere Taschen packen, uns ins Auto setzen und zum Sports Illustrated Stadium fahren, wo wir um 12 Uhr gegen Washington Spirit antreten würden. Vor fast 10 000 Zuschauern, die jede Menge Krach machen würden. Noch nie habe ich Fans im Frauenfußball gesehen, die so verrückt sind und den Sport so feiern wie die in den USA.

Heimspiele für den Gotham FC sind aber nicht nur wegen der Stimmung auf den Rängen etwas Besonderes für mich. Ich genieße es, nirgends hinfliegen und im Hotel übernachten zu müssen, sondern in meinem Bett schlafen und mit dem Auto zum Stadion fahren zu können – eine Strecke mit einem ganz persönlichen Höhepunkt für mich kurz vor der Ankunft. Die Sports-Illustrated-Arena liegt am Hudson, auf der New-Jersey-Seite, wo es ländlicher ist. Nicht umsonst heißt diese Region »The Garden State«. Auf einer Fläche von 22 500 Quadratkilometern leben hier etwa neun Millionen Menschen verstreut, fast ebenso viele ballen sich in der Stadt New York auf der anderen Flussseite. In New Jersey, etwas mehr als zehn Autominuten vom Trainingsgelände und nicht viel weiter vom Stadion entfernt, befindet sich meine Wohnung. Sie ist klein, funktional eingerichtet und wenn die Luft klar ist, kann ich vom Wohnzimmer aus ein paar Wolkenkratzer des Big Apple in der Ferne aufragen sehen. Wenn ich will, bin ich aber auch gleich im Grünen, ein wunderbarer Ausgleich, um mich nach dem vielen Fliegen und den ganzen Hotelaufenthalten während der US-Fußballsaison zu entspannen und runterzukommen. Die Spieltabelle in den Staaten ist mitunter so eng getaktet, dass ich mich körperlich und mental an Potsdam erinnert fühle. Den Ort, der mich ge- und teils überfordert, aber auch mental stark gemacht hat. Dort habe ich die perfekte Vorbereitung auf die Spieltaktung in den USA bekommen, ohne es damals zu wissen. Manchmal bringt mich der Spielplan aber dennoch an meine Grenzen. Einmal, in der Saison 2024, hatten wir drei Spiele innerhalb von zehn Tagen. Ein Sechs-Stunden-Flug brachte uns zum ersten Match nach Los Angeles. Die Zeitverschiebung von drei Stunden mag verschmerzbar sein, doch allein ein Flug dieser Länge macht etwas mit einem. Das werden vermutlich die meisten, die schon einmal stundenlang in einem Economy-Class-Sitz eingeklemmt waren, bestätigen.

Nach dem Spiel hatten wir einen freien Tag, am nächsten Morgen saßen wir in einem frühen Flieger nach Portland.

Zum Glück kann ich überall sofort einschlafen. Ich hatte in der Nacht zuvor zumindest fünf Stunden Schlaf bekommen und würde auch jetzt wieder den Großteil des Flugs nach Portland verschlafen. Andere hatten gerade mal zwei Stunden geschlafen, und das sah man ihnen an. Ich kann mir gar nicht vorstellen, wie man so müde so schnell rennen kann, wie das die Feldspielerinnen tun müssen. Meine Muskeln signalisierten jedenfalls schon während des Spiels in Portland sanft, dass eine Pause demnächst nicht verkehrt wäre. Der Endstand von 4:0 für die Heimmannschaft bekräftigte das unschön. Aber ausruhen war noch nicht möglich. Denn nach dem Spiel in Portland ging es direkt einen Tag später vier Stunden per Flugzeug nach Washington, dem Austragungsort des dritten Matches. Als ich mich auf dem Rasen im dortigen Stadion warmmachte, merkte ich, dass mein Körper nicht mehr konnte. Die Bälle flogen nicht mehr so weit, wie sie das normalerweise tun, meine Bewegungen zum Ball waren langsamer, meine Beine schwer. Ich adaptierte mein Warm-up ein wenig, reduzierte die Anzahl an Wiederholungen, um mich zu schonen, und hoffte auf das Beste.

Mir war klar, dass ich das anstehende Match hauptsächlich mit dem Kopf würde bestreiten müssen. Dass das klappte und wir trotz protestierender Muskulatur 3:0 gewannen, lag auch daran, dass ich mittlerweile weiß, dass ich keine Energie darauf verschwenden darf, an Müdigkeit zu denken. Selbst dann nicht, wenn die Muskeln dem Gehirn sagen, dass es nicht mehr geht. Ich muss ins Tun kommen und dafür muss ich grundsätzlich ausgeglichen sein. Nur dann habe ich die Kapazitäten, auch mal über vermeintliche Grenzen hinwegzuspielen.

Entsprechend gut tut mir die Ruhe in New Jersey. Diese Region und New York sind Nachbarn, könnten aber nicht gegensätzlicher sein. Und genau das ist das Schöne. Haben wir ein Heimspiel, fahre ich immer mit etwas Puffer los zum Stadion, weil man nie weiß, wie viel Verkehr herrscht. Wenn dann in der Anfahrt auf den letzten Hügel wenig los ist und der Tempomat eine Weile allein klarkommt, nehme ich mir einen Moment bewusst Zeit und genieße es, über die Kuppe zu gleiten. Dann nämlich taucht die New Yorker Skyline vor einem auf, als öffne man einen Fächer. Wunderschön sieht das aus: die glänzenden Glasfronten, die sich wie ein überdimensioniertes Tetris-Spiel in den Himmel recken, die Freiheitsstatue auf ihrem Sockel mitten im Fluss. Mir läuft dann ein wohliger Schauer über den Rücken und ich kann kaum glauben, dass ich wirklich hier lebe. In einem Land, in einer Stadt, in die ich auf keinen Fall wollte. Aber die Entscheidung dafür habe ich bisher nicht bereut. Auch wenn sie nicht einfach war.

Es heißt, dass jeder erwachsene Mensch ungefähr 35 000 Entscheidungen pro Tag trifft. Über 200 sind es allein in Bezug darauf, was wir essen, was bei mir eher konservativ geschätzt ist. Bei diesen Entscheidungen springt schon, bevor wir bewusst anfangen zu denken, unser emotionales Zentrum an, das limbische System. Das ist das sogenannte Bauchgefühl. Erst später schaltet sich der Teil des Gehirns zu, der für rationales Denken und für das Für und Wider zuständig ist.

Grundsätzlich habe ich ein gutes Bauchgefühl und spüre sehr genau, was ich möchte oder brauche und was nicht. Bei Dingen, die mein Wohlbefinden betreffen, höre ich deshalb mehr auf meinen Bauch. Bei beruflichen Entscheidungen bestimmt eher der Kopf.

Allerdings gibt es Situationen, in denen sich die beiden in die Quere kommen. Bisher waren das meist solche, die für ein berufliches Weiterkommen eine räumliche Trennung von meiner Familie erforderten: Potsdam, Paris, Birmingham, London und jetzt eben New York. Der Kopf argumentierte jedes

Mal, dass der Wechsel der nächste logische Karriereschritt und wichtig sei, der Bauch aber protestierte, dass die Besuche zu selten und das Heimweh zu groß wären. Entsprechend war meine bisher schwerste Entscheidung diejenige, nach Amerika zu gehen. Denn Gotham bedeutete die bisher weiteste Entfernung von zu Hause und die längsten Trennungsphasen von meiner Familie.

Die Initiative, in die USA zu wechseln, ging vom Trainer des NJ/NY Gotham FC aus, Juan Carlos Amorós López. Er war vorher Coach beim britischen Club Tottenham gewesen und kannte mich aus meiner aktiven Zeit in England. Anscheinend fand er das, was er da gesehen hatte, ziemlich gut und passend für sein aktuelles Team.

Als ich das Angebot aus New Jersey bekam, war mir sofort bewusst, dass ich die Spielpraxis, die mir dort in Aussicht gestellt wurde, brauchte, wenn ich eine Chance haben wollte, bei Olympia 2024 im Tor zu stehen – oder überhaupt wieder in die Nationalmannschaft eingeladen zu werden. Ich musste mich zeigen. In Chelsea war ich längst von der Nummer eins im Tor zur festen Größe auf der Bank geworden. In der Fußballwelt machte mich das unsichtbar. Ich musste mir darüber klar werden, was ich für mich haben möchte.

Der Anfrage von Gotham FC nachzukommen und nach New York zu gehen, bedeutete also im Grunde die Entscheidung für oder gegen die Chance, in Frankreich für Deutschland zu spielen. Es bedeutete aber auch die Entscheidung dafür oder dagegen, eine noch größere Distanz zwischen mich und meine Familie zu legen: mehr als 6000 Kilometer und rund zehn Flugstunden. Das konnte ich mir zunächst nicht vorstellen. Seit ich in England spielte, hatte ich meine Familie zwar im Schnitt nur zweimal pro Jahr besucht, aber das Wissen, dass ich nach etwas mehr als einer Stunde Flug zu Hause sein konnte, dass ich gefühlt in der Nähe war, reichte mir aus. Von den

USA aus würde ich selbst im Notfall mindestens zwei Tage brauchen, um heimzukommen. Auch Jess, meine Verlobte, würde in Europa bleiben müssen. Ich wäre ganz allein richtig weit weg. Das fühlte sich absolut falsch an. Also bat ich meinen Manager, für mich abzusagen, was er auch tat.

Juan Carlos jedoch schrieb mich nicht sofort ab. Er ließ das Angebot auf dem Tisch, wartete und fragte einige Zeit später, im Februar 2023, nochmals an und bis Anfang April ließ Gotham mehr oder weniger nicht locker. So schafften sie es, dass Amerika bei mir nie vom Radar verschwand, sondern immer eine Möglichkeit blieb. Wie der Club um mich warb, schmeichelte meinem angeschlagenen Torhüterinnen-Ego, und irgendwann begann mein Widerstand zu bröckeln. Warum sollte ich Chelsea gegenüber weiter bedingungslos loyal sein, wenn die Stimmung mies, die Wahrscheinlichkeit, eingesetzt zu werden, gering und mein Vertrag kurz vor dem Auslaufen war? Ich konnte ja wenigstens mal mit Gotham sprechen …

Kurz darauf war ich in einem Videocall mit Juan Carlos, der mir erzählte, wie gut ich sei, dass ich sehr viel Potenzial in mir habe. Das war Balsam für meine verwundete Torhüterinnenseele und es klang für mich so, als habe er nicht vor, mich nur auf die Bank zu setzen. Über Gotham eine Chance auf Olympia zu bekommen, wäre also realistisch – oder zumindest höher. Das ließ auch Horst Hrubesch, der inzwischen den Nationaltrainer-Job wieder von Martina Voss-Tecklenburg übernommen hatte, in einem Gespräch während eines Lehrgangs der Nationalmannschaft durchscheinen. Mama redete mir ebenfalls gut zu, sagte, ich solle das machen, es sei eine Chance.

Also fing ich an zu rechnen, wie lange ich tatsächlich allein in den USA sein würde, wenn ich lediglich für ein Jahr bei Gotham unterzeichnete. Es stellte sich heraus, dass die Solo-Phasen gar nicht so heftig sein würden: Ende April würde ich nach New York gehen und wäre dann die ersten Wochen allein dort – der längste Abschnitt. Danach wären die Vorbereitungen für die olympischen Spiele im Juli, da wäre ich also in Deutschland oder zumindest in Europa. Im August, wenn ich aus Frankreich zurückkäme, hätte Jess nochmals zwei Wochen frei und könnte mich besuchen. Nach einem halben August und dem September allein würde mich im Oktober Mama zu meinem Geburtstag besuchen, und wenn Mitte November die Playoffs in den USA vorbei sind, könnte ich bis Anfang Januar nach Hause fliegen. Gar nicht so schlimm eigentlich.

Aufgesplittet in diese kleinen Bruchstücke, unterbrochen von Inselchen mit meinen Lieben, erschien mir der Gedanke, nach Amerika zu gehen, immer weniger einschüchternd. Zumal Jess, meine beiden Schwestern und meine Mutter mir hoch und heilig versprachen, sich jeden Tag zumindest kurz per Telefon, Video oder Nachricht zu melden. Wenn ich morgens um acht vor dem Training online ging, wäre es in Deutschland 13 und in England 12 Uhr. Mittagspause – und damit zuverlässig freie Zeit für ein kurzes Gespräch. Das war machbar. Also schob ich die letzten Zweifel beiseite und sagte Gotham zu. Eine Saison in dem Land zu spielen, das internationale Spitze im Frauenfußball ist, ist ja auch keine allzu große Überwindung, um sich den Traum von Olympia zu erfüllen.

KAPITEL 28

HEIMKOMMEN, GANZ WEIT WEG

Verdammt, wo kommen denn jetzt meine Taschen raus? Ich hetzte zwischen den Gepäckbändern am Flughafen Washington herum. Die Ankunftshalle des bananenförmigen Glasbaus war riesig. Überall Menschen, die Koffer hinter sich herzogen, hektisch aufs Handy blickten oder sich an einem der Laufbänder zu ihrem Gepäck vordrängten. Vier Koffer musste ich einsammeln und inklusive Aus- und erneutem Einchecken ins Terminal für den Flug nach New York verfrachten. Da! Der erste purzelte zumindest schon einmal auf die Gummilamellen des Transportbandes. Ich kämpfte mich in die erste Reihe der Wartenden vor und zerrte am Griff des Koffers, der sich nur träge über die Kante wuchten ließ und dann rumpelnd auf dem Boden aufschlug. Was hatte ich da alles reingepackt? Mir brach beim Gedanken an drei weitere dieser Ungetüme der Schweiß aus. Nie wieder würde ich mir das antun. Aber man zog ja auch nicht alle paar Wochen auf einen anderen Kontinent.

Amerika ist für viele ein Sehnsuchtsort, ein absolutes Traum-Reiseziel. Auch wenn ich verstehe, wie faszinierend ein Land sein kann, in dem so viele Kulturen verschmelzen, in dem es so viele unterschiedliche Landschaften gibt und das so groß ist, dass es gleich in mehrere Zeitzonen unterteilt ist, hatte ich nie das Bedürfnis gehabt, dorthin zu fliegen – oder gar dort zu leben. Als ich mich 2024 für den Gotham FC und einen Umzug in die Vereinigten Staaten entschied, war das ein großer Schritt für mich – und allein, dass ich in New Jersey überhaupt ankam, ein kleines Erfolgserlebnis. Die Anreise war lang und für meinen Geschmack viel zu kompliziert. Ich musste von London, wo ich während meines Engagements bei Chelsea lebte, nach Ottawa in Kanada fliegen. Dort sollte ich mein Visum abholen. So kurzfristig, wie ich in die Staaten wechseln sollte, war das wohl nicht anders machbar gewesen, hatte mir das Management vom Gotham FC erklärt. Warum, das hatte ich vor lauter Reiseaufregung vergessen zu fragen.

In Kanada angekommen, war es ein echter Kampf, mit vier riesigen Koffern aus dem Flughafengebäude in ein Taxi und zum Hotel zu kommen. Es war schon drei Uhr nachts, als ich endlich auf das harte Bett in meinem Zimmer fiel. Ich glaube, ich habe nicht mal das Licht ausgeknipst. Nach ein paar Stunden Schlaf machte ich mich am nächsten Tag zu Fuß auf zur Botschaft. Der Termin war um elf, der Fußmarsch rund 20 Minuten lang und dank Navigations-App fand ich dort auch problemlos hin. Zum Glück, ich war eh schon nervös genug. Großstädte schüchtern mich ein, speziell solche, die ich nicht kenne. Fast auf die Minute pünktlich betrat ich die Eingangshalle und fragte an der Information, wo ich hinmüsse, um ein Visum für die USA zu bekommen. Die freundliche Dame schickte mich in den ersten Stock, an einen Schalter, wo ich ein paar Formulare ausfüllen musste und in drei Stunden wiederkommen sollte. Bis dahin sei alles fertig, informierte mich der entspannt, aber wenig interessiert wirkende Herr hinter der Plexiglasscheibe. Uff, wieder ein Haken auf der To-do-Liste, wieder was geschafft. Zurück auf der Straße, nahm ich mein Handy heraus. Wie abgesprochen wählte ich die Nummer, die Gotham mir zusammen mit den anderen Instruktionen gemailt hatte, und setzte den Verein darüber in Kenntnis, dass ich in wenigen Stunden mein Visum erhalten würde. »Großartig«, freute man sich dort und teilte mir mit, dass ich dann noch den Abendflug von Ottawa in die USA erwischen würde, man würde mir das E-Ticket zumailen. Ein bisschen drückte ich mich noch in der Stadt herum. Wenn ich schon einmal hier war, konnte ich mir die kanadische Hauptstadt auch ein bisschen ansehen. Sie gefiel mir überraschend gut. Mit dem breiten Fluss, der sich durch die City schlängelte, dem Parlamentsgebäude im neugotischen Stil mit seinem Turm und den Bäumen überall, die jetzt, im April, schon voller saftig grüner Blätter hingen, erinnerte mich die Stadt ein bisschen an London. Ottawa wirkte sehr europäisch auf mich, was mich beruhigte und fast ein bisschen heimisch fühlen ließ. Einen guten Teil der drei Stunden Wartezeit verbrachte ich aber dösend auf meinem Bett, Jetlag und Reisestress forderten ihren Tribut.

Um circa 14 Uhr machte ich mich auf Richtung Botschaft, um mein Visum abzuholen, was wunderbar klappte. Allerdings musste ich mich jetzt ein bisschen beeilen. Die Fahrt zum Flughafen würde eine Weile dauern, das Einchecken von vier Gepäckstücken ebenfalls und ich hatte keine Ahnung, wie viel Verkehr um diese Zeit durch Ottawas Straßen floss oder wie lang die Schlange am Airline-Schalter sein würde. Also hetzte ich zurück ins Hotel, schleppte meine vier Koffer erneut zu einem Taxi und ließ mich zum Flughafen bringen. Kaum Verkehr, und es warteten auch nur wenige Menschen vor dem

Check-in. Bald hatte ich es geschafft oder würde zumindest schon einmal im richtigen Land sein. Denn von Ottawa gab es keine Direktflüge nach New York, sondern nur nach Washington. Und so zerrte ich nun also meinen vollgepackten Trolley durch den Flughafen in DC: einmal komplett raus aus dem Passagierbereich und durch die Sicherheitskontrolle wieder rein – bei einem Inlandsflug! Ich fühlte mich ziemlich verloren in all dem Gewusel, zwischen all den Schildern, Schaltern und Anzeigetafeln. Wahrscheinlich habe ich noch nie so viele fremde Leute nach dem Weg gefragt, schon gar nicht auf Englisch. Aber anders hätte ich mich vermutlich irgendwann auf der Toilette eingesperrt und geheult, so überfordert fühlte ich mich in diesem Moment.

Irgendwie schaffte ich es dann doch zum richtigen Terminal und durch die erneute Sicherheitskontrolle. Nach eineinviertel Stunden Flug, die sich anfühlten, als setze der Flieger schon zum Landeanflug an, bevor er seine geplante Flughöhe erreicht hatte, traf ich spät nachts in meinem Hotel in New Jersey ein – mit allen vier Koffern. Erschöpft, aber auch erleichtert setzte ich mich aufs Bett. Ich war da. Kurz überlegte ich, ob ich schon einmal ein paar Kleidungsstücke auspacken sollte, entschied mich aber dann, es dabei zu belassen, meine Schlafsachen und die Sportklamotten, die ich für das erste Training am nächsten Tag brauchte, rauszulegen. Ich schrubbte mir noch schnell die Zähne, klatschte mir ein bisschen Wasser ins Gesicht und kuschelte ich mich in die schneeweißen Laken, wo ich sofort einschlief.

Als ich am Morgen mit einem Toast und einem Heißgetränk im Frühstücksraum des Hotels saß, war ich ziemlich aufgeregt. In Potsdam, Paris und Großbritannien war es immer so gewesen, dass ich ein paar Gesichter schon gesehen oder zumindest einige Namen bereits gehört hatte. Die Spielerinnen waren mir nicht völlig fremd. Der Gotham-Kader sagte mir dagegen gar nichts. Mit dem amerikanischen Fußball, speziell dem Frauenfußball, hatte ich mich bisher nie beschäftigt. Im Flugzeug hatte ich deshalb Stunden damit verbracht, Namen und Positionen anhand von Ausdrucken des Teams auswendig zu lernen. Ich deckte die Namen mit der Hand ab und sagte sie leise nacheinander auf, als lernte ich Vokabeln für eine Schulaufgabe.

Für jemanden wie mich, die selbst beim Seriengucken eine komplette Staffel lang braucht, um sich die Namen der Charaktere zu merken, war schon das nicht leicht. Die auswendig gelernten Namen und Positionen trotz Jetlags dann auch noch den echten Spielerinnen richtig zuzuordnen, würde der Horror werden. Selten hatte ich mich so unsicher gefühlt, wie eine Hochstaplerin, die nur so tat, als wisse sie, was sie tue.

Der Trainingsplatz, auf dem ich wenig später stand, war hübsch: akkurat gestutzter Rasen, rundum Büsche, Bäume, Grün. Auch meine neuen Teamkolleginnen gaben sich sehr freundlich und offen. Sie stellten sich mit Namen vor und gaben mir so die Chance, meine auswendig gelernten Fotos den echten Menschen ohne Fehler zuzuordnen. Fieberhaft versuchte ich, mir alle einzuprägen, was dazu führte, dass mir manchmal vor dem *»Nice to meet you«* noch ein leises »Caprice Dydasco«, »Gina Lewandowski« oder eine andere Namenswiederholung rausrutschte, was aber durchweg mit einem verständnisvoll-amüsierten Lächeln quittiert wurde.

Auch der Umstand, dass wir bei Auswärtsspielen so viel Zeit zusammen im Hotel verbrachten, in den Leerlaufphasen Karten spielten oder einen Kaffee an der Bar zusammen tranken, half mir, mich einigermaßen zügig zu integrieren und meine neuen Kolleginnen besser kennenzulernen. Gelegenheit dazu hatte ich mehr oder weniger umgehend: Juan Carlos teilte mir direkt nach der Begrüßungsrunde und noch vor der ersten Aufwärmübung mit, dass wir am nächsten Tag zum ersten Spiel zurück nach Washington fliegen würden. Mir schwirrte der Kopf. Gestern hatte ich noch überlegt, in welchen Koffer ich die Trainingsklamotten gesteckt hatte, jetzt musste ich darüber nachdenken, wie ich umpacken musste, um alles für drei Tage Washington dabeizuhaben … und hätte ich dann nicht auch gleich dortbleiben können?

Mittlerweile sind solche Reisen Routine geworden, fast jedes Wochenende sitze ich im Flieger, denn in der amerikanischen Fußballliga reist man im Gegensatz zur europäischen aufgrund der großen Distanzen und verschiedenen Zeitzonen grundsätzlich per Lufttransport – und nicht erst einen, sondern mindestens zwei, oft drei Tage vorher an. Das hatte für mich zu Beginn den Vorteil, dass ich fast die gesamte Woche eines Auswärtsspiels mit der Mannschaft verbrachte. Einer Mannschaft, mit der ich mich bemühte, aktiv ins Gespräch zu kommen – was mich als sehr zurückhaltende Person einiges an Überwindung kostete –, und wir dadurch sehr schnell eng zusammenwuchsen. Mittlerweile sind wir eine eingespielte Truppe, auch wenn tiefe Freundschaften sich für mich bisher nicht entwickelt haben. Das liegt aber nicht an den Mädels, sondern daran, dass ich nach ein paar Tagen engen Kontakts im Hotel froh bin, wenn ich ein bisschen Zeit für mich habe. Noch immer ist mir Amerika oft zu laut, zu schnell und manchmal auch zu oberflächlich. Doch inzwischen lebe ich gern in New Jersey und bin vielleicht sogar ein bisschen amerikanisiert: Ich habe Frauen-Basketball für mich entdeckt und fahre ab und zu mit Jess nach New York, um mir ein Spiel anzusehen. Dann stellen wir das Auto an der letzten Bahnstation auf unserer Hudson-Seite ab und gondeln mit den Öffentlichen in die Stadt. Das ist ein bisschen so, als schlüpfe man in einem idyllischen Park in eine Höhle und komme am anderen Ende in einer Großraumdisko wieder raus. New York hat einen ganz eigenen Vibe. Ich kann nachvollziehen, warum so viele Menschen von der Stadt fasziniert sind. Manchmal lassen wir uns vor oder nach einem Basketball-Match noch ein wenig durch die Straßen treiben, und ich habe gelernt, den Lärm, das Gewusel, all die Lichter und Geräusche zu genießen. Auch wenn ich mir nicht vorstellen könnte, direkt im Big Apple zu leben, erfuhr ich in den USA doch am eigenen Leib, was Frank Sinatra meinte, als er in »New York, New York« von einem *»brand new start«* gesungen hatte.

Für mich war es ein echter Neustart. Nicht nur, weil ich den Kontinent gewechselt hatte. Sondern auch, weil ich wieder so spielen durfte, wie es meinem Stil entsprach. Sein Handwerk verlernt man als Torhüterin nicht. Das ist wie Fahrradfahren. Die Abläufe sind drin, die laufen automatisch ab. Aber ob das Radfahren Spaß macht, hängt davon ab, ob du mit dem richtigen Bike in der passenden Umgebung unterwegs bist – und ich hatte viel zu lange versucht, mit einem Rennrad über Trails zu fahren.

Jetzt, bei Gotham, löste sich das Verbissene, das ich in der Vergangenheit gespürt hatte, immer mehr in Luft auf und machte etwas Platz, das ich viel zu lange vermisst hatte: dem Spaß am Spiel. Ich war am Ende des Wurzelpfads und rollte über glatten Asphalt. Nicht allein: Mal spielte ich, mal meine Kollegin. Aber es war immer klar, wer wann dran sein würde. Das gab Sicherheit. Planbarkeit. Es war fair. Ich entwickelte wieder Spielfreude, und die ließ mich mit einer Leichtigkeit auf dem Platz agieren, die ich lange nicht empfunden hatte, aber wichtig für mich war, um mein Potenzial ausschöpfen zu können. Das, was ich zu bieten hatte, passte zu dem, was der Verein haben wollte.

In den Vereinigten Staaten geht es im Profifußball meiner Wahrnehmung nach viel persönlicher zu. In Europa hatte ich oft den Eindruck, ich wäre nur dazu da, um Leistung zu bringen und die Maschinerie Fußball am Laufen zu halten. Hier in den USA werde ich vor dem Training oder währenddessen oft gefragt, wie ich mich fühle, ob ich müde sei, eine Pause brauche oder heute mal Regeneration machen wolle. Der Mensch, die Persönlichkeit wird meiner Wahrnehmung nach mehr anerkannt und wertgeschätzt. Es zählt nicht nur der Athlet, der schlechtestenfalls schon wieder Ruhe braucht oder zum dritten Mal diese Woche zum Physio muss, anstatt regulär mit der Mannschaft zu trainieren. Mein Torwarttrainer schaut sich nach jedem Spiel mit mir zusammen nochmals ein Video davon an. Manchmal fragt er mich dann, was ich in dieser oder jener Situation gedacht habe. Manchmal kann ich mich nicht daran erinnern, aber wenn ich es kann, beschreibe ich es ihm und wir sprechen darüber. So versteht er, wie ich ticke und warum ich mich so verhalten habe. Er kann sein Training entsprechend darauf abstimmen. Doch auch ich selbst verstehe mich und wie es gegebenenfalls zu einem Tor kam, durch diese Analysen und Gespräche besser. Durch sie wird sehr deutlich, dass und in welchen Situationen nicht alle Spielerinnen um mich herum das Gleiche denken und sich entsprechend anders verhalten. Wenn ich beispielweise von meiner Position aus eine bestimmte Spielerin anspielen würde, weil ich sehe, dass sie frei steht, heißt das noch lange nicht, dass die Spielerin, die den Ball hat, das ebenso sieht. Aus ihrer Perspektive stellt sich die Konstellation auf dem Feld eventuell ganz anders dar. Ich darf mich nicht auf meine Sichtweise versteifen, sondern muss offen bleiben für andere Möglichkeiten. Denn ein und dasselbe Match ist für jede Spielerin ein anderes. Deshalb sind Vorwürfe und Schuldzuweisungen fehl am Platz. Die gibt es weder zwischen mir und meinem Torwarttrainer noch innerhalb der Mannschaft. Dabei hilft es, dass wir erst über das Spiel reden, wenn eine

Nacht vorüber ist und die Emotionen abgekühlt sind. Wenn wir objektiv auf das schauen können, was sich auf dem Platz abgespielt hat.

Durch diesen respektvollen Umgang miteinander hat sich meine grundsätzliche Freude am Fußball, die über die Jahre, in denen ich auf der Bank gesessen habe und in Spielsysteme gezwungen worden bin, ein wenig ins Wanken gekommen ist, stabilisiert. In Amerika durfte Fußball einfach nur Fußball sein. Hier durfte ich so spielen, wie ich spielen wollte. Bei Gotham hat bisher niemand versucht, mir vorzuschreiben, wie ich mich im Tor verhalten soll. Man hat mich von Anfang an machen lassen. Natürlich bekomme ich Tipps und Anweisungen von meinem Torwarttrainer und von Coach Juan. Ich lerne noch immer jeden Tag dazu und nicht immer geht alles gut. Aber schlussendlich stellte sich New Jersey, ein Bundesstaat, der mir so weit weg erschien, dass ich dort auf keinen Fall hinwollte, als der Ort heraus, an dem ich Stabilität finden und dadurch spielerisch und mental stärker werden würde.

Mittlerweile wohnt auch Jess in New Jersey und wir spielen wieder im selben Verein. Als Halbamerikanerin hat sie Familie väterlicherseits in den USA, und die Staaten waren schon immer ihr Sehnsuchtsort. Als sich herauskristallisierte, dass ich länger als das ursprünglich geplante Jahr in New Jersey bleiben würde, ging sie während der Olympischen Spiele 2024 in Eigeninitiative mit Gotham und Chelsea ins Gespräch und machte ihren Wechsel fix. Es war eine gute Entscheidung: Sie liebt es, in Amerika zu leben, und hat in Gotham einen Verein gefunden, bei dem sie sich von Anfang an so wohl gefühlt hat, wie auch ich es tue – und ohne es zu forcieren, habe ich in den USA die Grundlage gelegt für meinen ersten großen Einsatz in der Fußball-Nationalmannschaft.

KAPITEL 29

AUF DER ÜBERHOLSPUR

Der verarscht mich doch, war mein erster Gedanke, als Horst Hrubesch bekannt gab, dass ich bei den Olympischen Spielen 2024 die Nummer eins im deutschen Tor sein würde. Einen Tag vor dem ersten Spiel gegen Australien. Die Mannschaft hatte darüber Bescheid gewusst, dass das passieren konnte. Bei den offiziellen Teamfotos war ich schon neben Merle Frohms, der bisherigen ersten Torhüterin, in der Mitte der National-Mädels gesessen; und auch wenn Merle viele Freundinnen im Team hatte, akzeptierten alle die Entscheidung. Das ist halt so im Fußball, das war allen klar, und ich hatte diese Position nicht geschenkt bekommen. Trotzdem hätte ich nicht gedacht, dass es wirklich zu diesem Wechsel kommen würde.

In den Wochen vor Olympia hatte Horst den Wettbewerb um das Tor geöffnet. Das war neu und unerwartet. Bevor er erneut von Martina Voss-Tecklenburg als Interims-Nationalcoach übernommen hatte, war Merle bei wichtigen Begegnungen alternativlos gesetzt gewesen. Kein Wunder, sie spielte in Deutschland, beim VfL Wolfsburg, hatte die klassische DFB-Karriere inklusive Nationalmannschaft ab U15 durchlaufen und mit 52 Länderspielen deutlich mehr Erfahrung als ich mit nur elf. Sie war gut, richtig gut.

Meine fußballerische Vita dagegen fiel eher bunt aus, sehr unkonventionell, ich spielte gerne riskant, technisch mitunter unüblich, und genau deshalb sprach alles gegen mich als neue Nummer eins. Ich kam nicht von einer U-Nationalmannschaft, hatte kaum Länderspielerfahrung und lange Almuth Schult vor mir gehabt sowie später Merle Frohms. Horst aber war von mir überzeugt, einerseits wegen meiner konstant guten Leistungen beim NJ/NY Gotham FC, dessen Spiele er genau verfolgte – schließlich hatte er mir zugeredet, nach Amerika zu gehen. Andererseits hatte ich im Testspiel mit der Nationalelf gegen Österreich souverän abgeliefert und sogar zwei der vier Tore für uns durch lange Bälle vorbereitet. Mein Stil, dem ich seit meinem Engagement in den Staaten wieder vertraute, funktionierte offensichtlich auch mit der Nationalmannschaft. Dass Horst das ebenso sah und mich einsetzen wollte, machte mich wahnsinnig stolz. Bei den Olympischen Spielen die Nummer 1 zu sein, fühlte sich an wie das *Happy End* meiner Fußballreise.

Die Medien überschlugen sich, als bekannt wurde, dass nicht Merle im Tor stehen würde, sondern ich: »Hrubesch macht Berger zur Nr. 1«, hieß es bei *n-tv*, »Torwart-Hammer bei den DFB-Frauen« in der *BILD*. Ich konnte es ja selbst kaum glauben. Um ehrlich zu sein, musste ich mich, sogar als ich schon auf dem Platz stand, kneifen und mir versichern: »Es ist wirklich wahr.« Horst ließ der Wirbel gänzlich unbeeindruckt, er konstatierte auf Pressenachfrage schlicht, ich sei eine gute Fußballerin und noch dazu eine sichere Torhüterin. Und er lobte mich für meine »unglaubliche Ruhe«.

Die hatte ich aber zu einem Teil auch nur deswegen, weil ich wusste, dass Horst felsenfest hinter mir stand. Er verstand meinen Stil, der von außen betrachtet manchmal sehr gewagt erscheint. Oft gehe ich weit aus dem Tor, bis fast an die Mittellinie, weil ich dann schon früh den Konter verhindern kann und schnelle Spielerinnen gar nicht erst gegen meine Spielerin ins Rennen kommen lasse. Oder ich spiele den Ball mit Dribblings aus dem 16er, anstatt mit einem langen Schuss, wenn ich denke, ich habe genug Platz und Zeit. Das hat Fans, Kommentatoren und Teamkolleginnen schon einiges an Nerven gekostet. Horst aber vertraute mir dahingehend, dass ich willentlich nichts tun würde, was ich nicht kontrollieren konnte. Das entsprach seiner Trainerphilosophie, die er in einem Interview einmal so beschrieb: »Ich will Spaß an diesem Sport vermitteln, denn wer Spaß am Sport hat, der ist gut.«

Dennoch ist mir bewusst, dass es seinerseits einiges an Mut erforderte, eine so erfahrene, gute Torhüterin wie Merle so kurzfristig und in einem Turnier, das große Öffentlichkeit genoss, gegen einen Grünschnabel wie mich auszuwechseln. Aber so ist Horst: Er ist kantig und seine Sprüche sind manchmal rustikal, aber er ist auch verlässlich und ein Kümmerer. Er stellt sich nicht über die Spielerinnen und er steht zu seinen Entscheidungen. Ich mochte alles an ihm, auch dass er mal einen dummen Spruch wegstecken konnte und mir keinen Honig um den Mund schmierte, sondern es mir sagte, wenn ich Mist gebaut hatte. Nach einigen schlechten Erfahrungen mit Trainern, fühlte ich mich bei ihm sicher und angenommen. Ich war bereit, um im Tor der Nationalmannschaft, vor Millionen Menschen an den Fernsehgeräten, mein Olympia-Debüt als Nummer 1 zu geben – auch wenn ich mit der 12 auf dem Rücken auflief.

Die Torwart-Entscheidung war so kurzfristig gefallen, dass Zeugwart Stephen Smith die Ausrüstung unseres Teams schon beflockt hatte – mit der Ziffer eins auf Merles Trikot. Ich fand das lustig. Für mich war die Zahl auf dem Rücken bloß ein Detail. Ob ich mit der 1, der 12, einer 100 oder 99 auf dem Rücken spielte, war mir egal. Ich war auf dem Platz, das war alles, was zählte. Es war mein erster Auftritt bei einem wichtigen Turnier – und es fügte sich alles ganz wunderbar. So gut, dass ich seitdem standardmäßig als Nummer 1 auflaufe. Auch bei der EM 2025 unter dem neuen Bundestrainer Christian Wück.

LYON, 9. AUGUST 2024, 15 UHR, GROUPAMA STADIUM

Es ist heiß an diesem Tag, an dem die letzte Welle, die es zu stehen gilt, anrollt: das Spiel um die olympische Bronzemedaille. 30 Grad. Mein Tor liegt halb im Schatten, halb in der grellen Sonne. Ich kneife die Augen zusammen. Hinter mir auf den Rängen: 8000 Zuschauer. Vor mir auf dem Rasen: meine Mädels, die deutsche Frauen-Fußballnationalmannschaft, in Weiß und die Weltmeisterinnen aus Spanien in Rot. Es wird ein schweres Spiel werden, so viel ist klar. Aber jede Einzelne von uns ist bereit, alles auf dem Platz zu lassen – für die Bronzemedaille oder zumindest, um würdig für sie zu kämpfen.

Mein Blick ist auf Fischaugenoptik zusammengeschrumpft: Fokus auf das Geschehen vor mir, auf jede Bewegung der Spielerinnen, jede Aktion. Zeitweise wage ich mich weit aus meinem Kasten heraus. Ich will näher dran sein an der Action, will auf eventuelle Flanken und Direktabnahmen schneller reagieren und wenn nötig besser mit unserer Abwehr kommunizieren kön-

nen. Proaktiv spielen, soweit das möglich ist. Ich zapple, anstatt zu stehen wie der Schiffsmast. Einmal wird mir das fast zum Verhängnis: bei einem Freistoß aus dem linken Halbfeld in der 21. Minute, als die Spanierinnen einen Ball über mich lupfen. Er prallt an die Latte. Zum Glück.

Später werde ich mich nicht daran erinnern können, ob mir in diesem Moment irgendetwas durch den Kopf geht wie »Scheiße« oder »Gott sei Dank«. Mein Hirn ist im Stand-by-Modus, es ist vom aktiven Denken umgeschaltet auf Reptilienhirn: ein automatisches Programm, das instinktive Verhaltensweisen steuert. Ich funktioniere. Größtenteils im guten Sinne.

»Spielt einfach, nicht zu kompliziert, macht keine Fehler«, hat Nationaltrainer Horst Hrubesch uns vor dem Spiel ermahnt. Und da bin ich nun, habe so viele Augen auf mir wie noch nie und tue genau das Gegenteil: herumrennen und Fehler machen. Fehler, die bisher zum Glück noch keine Konsequenzen gehabt haben. »Wird schon, du hast alles unter Kontrolle«, beschwöre ich mich und straffe meinen Körper, recke das Kinn. »Präsente Körperhaltung« nennt meine Mutter das immer.

Häufig wird mein Verhalten während des Spiels von Außenstehenden als Coolness interpretiert. Tatsächlich bin ich jetzt weniger cool als in einer Art Betäubung. Als steckte ich in einem Wattebausch, der nur das durchlässt, was gerade wichtig ist, und alles andere dämpft. Wichtig ist gerade, in dieser neunten Minute der Nachspielzeit, die Spielerin, die vor mir den Ball auf dem Elfmeterpunkt in Position gebracht hat. Nach einem Foulspiel von Deutschland. Wie immer habe ich die Hände hinter dem Rücken verschränkt und blicke sie ruhig an. »Der Körper spricht, achte auf die Signale«, hat mein Opa mir gepredigt, und mein Körper soll signalisieren, dass ich nicht zu früh losgehen werde. Das ich nicht zappeln werde, sondern die Welle stehen, auf der der Ball heranfliegen wird. Der entscheidende Ball. Jetzt fängt auch der Körper der anderen Spielerin an zu sprechen: ein leichtes Zucken in der Hüfte. Die Hüfte ist zentral, dort entsteht die Kraft für den Schuss. Wohin sich die Hüfte verlagert, dorthin geht die Kraft.

Kurz bleibe ich noch stehen, warte, bis der Ball in der Luft ist, und werfe mich dann nach links. Lang und flach dem Ball entgegen, balle die Fäuste und schlage ihn zurück ins Feld. Ich recke die Arme in die Luft, zum Lachen bin ich noch zu sehr im Tunnel. Und um zu begreifen, dass das Spiel vorbei ist. Ich sitze auf dem Rasen und habe keine Ahnung, wie ich das gemacht habe, während um mich herum die deutschen Mädels springen, jubeln, übereinander und ineinander verschlungen über den Rasen taumeln.

Ich glaube, ich habe instinktiv die Verantwortung übernommen, von der der Coach in der Kabine gesprochen hat. Die Verantwortung, die ein Team erfolgreich macht, weil sie den Kopf wach und die Motivation hochhält. Die dafür sorgt, dass man etwas ganz tief aus sich heraus für andere tut und nicht für sich selbst.

Im Profifußball gibt es kein Ankommen. Wer das glaubt, der hört auf, besser zu werden. Es gibt keine Helden. Wer das glaubt, hört auf, ein Teamplayer zu sein. Dass später über meinen gehaltenen Elfmeter gegen Spanien gesprochen wurde, war toll. Auch, dass sich die Leute darüber so gefreut haben, wie wir uns darüber gefreut haben. Aber mir war es wichtig, dass das Spiel nicht allein darauf reduziert wurde. Dass ganz klar gemacht wurde, dass nicht ich gewonnen hatte, sondern die Mannschaft. Die Stürmerin, die sich die Seele aus dem Leib gerannt hat. Die Außenverteidigerin, die ihren ganzen Körper in eine Aktion gelegt hat, ohne über die Konsequenzen nachzudenken. Jeder Pass, jedes Dribbling, jede Abwehr des Teams hat erst zu dem Moment führen können, in dem ich meinen Teil zum Erfolg beitragen durfte.

Wir haben unsere Arbeit getan und wir haben sie gut gemacht. Die Blase mag geplatzt sein. Olympia hat mich wieder ausgespuckt. Müde, aber auch stolz. Und als ich auf dem Rasen sitze, betäubt von dem, was da gerade passiert ist, denke ich nur: »Was? Das war es jetzt?«

KAPITEL 30

VON AIRPODS UND AIRFRYERN

Es war der 20. November 2024. Die amerikanische Fußballsaison, die von Ende Februar bis Mitte Oktober geht, war vorbei, doch ich stand trotzdem inmitten meiner Teamkolleginnen. An diesem Abend hielt der Gotham FC sein Jahresabschlusstreffen ab. Spielerinnen, Coaches, Management, Menschen aus allen Abteilungen, die den Verein am Laufen halten – alle waren gekommen, um zusammen zu essen, sich auszutauschen und ein paar Ansprachen des Managements zuzuhören. Wir waren in die Wohnung des Vereinsbesitzers eingeladen, direkt am Central Park und mit wunderschöner Aussicht. Sie war eingerichtet wie ein Barockschloss, mit goldumrahmten Ölgemälden an der Wand, hohen Decken und Zierleisten um die großen Flügeltüren herum. Das Essen und die ersten Formalitäten waren schon vorbei, als unsere Sportdirektorin das Mikrofon ergriff und anfing, von den Awards der National Women's Soccer League (NWSL) zu sprechen. Umgehend schoss mir das Blut in die Wangen, in den Ohren rauschte es.

Ich war als Torhüterin des Jahres nominiert, und dass sie nun eine Rede hielt, signalisierte mir, dass ich die Auszeichnung bekommen hatte. Der Gedanke daran, dass alle gleich auf mich schauen würden und ich etwas sagen musste, machte mich schon vorsorglich verlegen.

Ich stand zwischen Leuten aus dem Verein, in meinem weiten beigen Hemd und dem Semi-Dutt, wäre am liebsten mit der Wand verschmolzen und wartete. »… und freuen uns, dass der NWSL-Award als Torhüterin des Jahres an unsere Anne geht«, hörte ich noch, bevor Applaus und Gejohle aufbrandeten. Ich strich mir kurz mit der Hand übers Gesicht und wusste nicht, wo ich sie danach hintun sollte. Peinlich berührt ob all der Aufmerksamkeit blickte ich auf den Boden.

Meine Teamkolleginnen zwangen mich fast nach vorn, sie wussten, wie unangenehm es mir war, jetzt vor allen sprechen zu müssen. Aufmunternd wurde mir auf die Schulter geklopft, ich wurde anerkennend angestupst und auf dem Weg zur Übergabe der Auszeichnung breitete sich dann doch ein kleines Lächeln auf meinem Gesicht aus. Immerhin war das ein Preis, den mir Spieler, Trainer, Fans und Medienvertreter verliehen hatten, indem sie für mich gestimmt hatten. Den NWSL-Award bekommt nicht, wer die meisten Bälle gehalten oder die meisten Spiele ohne Gegentor absolviert hat. Zumindest nicht nur. Einbezogen werden auch Dinge wie der Einfluss auf das Team und die allgemeine Leistung auf dem Platz. Wer hier seine Stimme vergibt, der hat sich die Nominierten über die letzten Monate hinweg genau angeschaut.

Von Menschen, die meine Saison tatsächlich verfolgt haben, so wertgeschätzt zu werden, schon in meinem ersten Jahr in den USA, freute mich wahnsinnig. Noch mehr hätte ich mich allerdings über eine Auszeichnung für das gesamte

Team gefreut. Denn ohne die Spielerinnen hätte ich keinen Job und keine Gelegenheit, mich zu zeigen. Sie sind es, die das Spiel eineinhalb Stunden lang am Laufen halten. Ich greife nur ein, wenn der Ball dem Tor zu nahe kommt. Bestenfalls bin ich in der Abwehr erfolgreich, aber eben auch nicht immer. Wie jede andere Torhüterin der Liga.

Dieser Award war schon der zweite, den ich nach Olympia in Frankreich bekommen hatte. Im Oktober war ich zur Fußballerin des Jahres gekürt worden, als zweite Torhüterin überhaupt nach meinem Vorbild Silke Rottenberg. Eine große Ehre, die absurderweise zu großen Teilen auf zwei Spiele zurückzuführen sein dürfte, das olympische Viertel- und das Halbfinale, an die ich mich kaum erinnern kann. Mein Kopf war ausgeschaltet. Sportlicher Blackout.

Dass meine Art zu spielen nun auch in Deutschland Anerkennung zu finden schien und mich in dieser vom Fußballmagazin *Kicker* ausgerichteten Abstimmung die teilnehmenden Sportjournalisten als so leistungsstark eingeschätzt hatten, war großartig. Aber ich war auch sehr froh, dass es dafür keine Verleihungszeremonie oder Gala gab. Mir reichte es schon, dass mir *Kicker*-Reporter Frank Lußem vor dem Länderspiel der Frauen-Nationalmannschaft gegen Australien in Duisburg einen goldenen Fußball-Pokal und einen großen Blumenstrauß überreichte. Bei etwas Formellerem hätte ich weder gewusst, was ich anziehen, noch was ich hätte sagen sollen. Wahrscheinlich wäre ich auf die Bühne gestolpert, froh, dass meine Hände mit der Auszeichnung etwas zu tun bekämen, und hätte mein übliches »Ja, danke« ins Mikrofon gestottert.

Viel besser gefiel es mir, gemütlich in Trainingshosen auf meiner Couch in New Jersey zu lümmeln und mich durch das Angebot eines großen Online-Händlers zu klicken. Von dem hatte ich im Zuge meiner Auszeichnungen einen Einkaufsgutschein bekommen. Und ich wusste ganz genau, was ich dafür kaufen würde.

Auf jeden Fall wollte ich diese tolle elektrische Zahnbürste haben. Eine mit einem ganz schlanken Etui, in dem man sie auch aufladen konnte. Das war super für Reisen, und mit dem Gotham FC war ich quasi dauernd auf Reisen. Die Zahnbürste war sehr teuer, kostete umgerechnet fast 200 Euro, und einfach so hätte ich sie mir nie gegönnt. Da bin ich doch zu sehr Schwäbin – und Tochter meines sparsamen Vaters. Außerdem suchte ich mir einen Toaster aus, einen richtig coolen mit Touchscreen, bei dem man einstellen kann, was man toastet und wie dunkel man das Gebäck geröstet haben will. Das Brot springt auch nicht so laut und nervig raus wie bei einem normalen Toaster, sondern fährt nach oben wie in einem Fahrstuhl. Ich liebe praktische Sachen – und getoastetes Brot. Weil ich gern koche, gönnte ich mir noch einen Airfryer, und ich habe meine alten Kopfhörer ausgetauscht, deren Akku sich schneller entlud, als ich »Flughafenbus« sagen konnte. Meine Mama hat mir einen Vogel gezeigt, als ich ihr von meiner Auswahl erzählte, vor allem wegen des Toasters. Sie war nicht die Einzige.

Als einige Tage später ein Paket ankam, konnte ich es kaum erwarten, all die tollen Sachen in Betrieb zu nehmen. Ich trug den Karton in die Küche, stellte ihn auf den Tisch und riss ihn auf. Doch als ich die Flügel zur Seite klappte und hineinspäte, lagen darin ein iPad und AirPods. Ein Geschenk des Sponsors an mich. Eigentlich unglaublich großzügig und vermutlich hätte jede andere einen Luftsprung gemacht. Ich aber hatte mich schon dermaßen auf den Anblick meiner Technikspielzeuge versteift, dass mir in dem Augenblick nur durch den Kopf schoss: »Aber ich wollte doch die Zahnbürste.«

Die kam zum Glück schon einen oder zwei Tage später, zusammen mit den anderen Sachen. Das Missverständnis war schnell geklärt, die Freude meinerseits groß, und im Airfryer bekomme ich mittlerweile nicht nur ein passables Steak hin, sondern auch hervorragende Pommes.

KAPITEL 31

MIT WOLLE ZUR EM

»Hey, wir spielen hier gerade Wizard. Wo bist du jetzt?«, ploppte eine WhatsApp meiner Teamkollegin Sarai Linder auf meinem Smartphone auf. Sie hatte mich in den vergangenen Tagen wie ein News-Ticker darüber auf dem Laufenden gehalten, was sich im Teamhotel der deutschen Nationalfrauen tat und was sie im Training geübt hatten. Endlich war auch ich auf dem Weg nach Herzogenaurach, wo wir uns als Nationalmannschaft trafen, bevor in ein paar Tagen, inklusive zwei Tage Pause, unser erstes EM-Spiel gegen Polen im Schweizer St. Gallen stattfinden und wir unser Hauptquartier in Zürich beziehen würden. Ich hatte einen weiteren Einsatz für Gotham gehabt, wo die Ligasaison noch voll am Laufen war, und erst mit Verzögerung fliegen können.

Als ich Sarais Nachricht las, spürte ich einen kurzen Anflug von Eifersucht. Ich wollte auch dort sein. Jetzt. Viel zu lange gondelte ich schon durch die Gegend, denn natürlich hatte ich wieder einmal meinen Anschlussflug verpasst, und jetzt mäanderte ich über Frankfurt und Stuttgart nach Franken. Aber das war okay, denn mir war es wichtig, möglichst bald bei der Mannschaft zu sein.

Ich wollte das nagende Gefühl, nur online mitzubekommen, wie die Mädels trainierten, Dart spielten oder *Kaulitz Hills* schauten, eintauschen gegen ein anderes, schöneres, direkteres: Gemeinschaft.

Schon bei den Nations-League-Spielen hatte es sich nicht angefühlt wie ein Team mit 23 Spielerinnen, sondern eher wie eine Großfamilie. Ich war mit 22 Schwestern unterwegs. Jede konnte mit jeder, jede wurde zu sämtlichen Aktivitäten eingeladen, und selbst wenn sich naturgemäß auch kleinere Gruppen bildeten, wussten wir doch alle, dass wir bei der EM 2025 als geschlossene Mannschaft auf den Platz gehen würden.

Meine Hoffnung wurde nicht enttäuscht. Sobald ich eingecheckt, mich im Hotelzimmer eingerichtet hatte und zu den Mädels gestoßen war, waren Vertrautheit und Zusammengehörigkeit für mich wieder so heftig spürbar, dass mir fast die Luft wegblieb. Vielleicht lag das mit der Luftnot aber auch am vielen Lachen. Wir hatten so viel Spaß miteinander wie lange nicht. Die jungen Spielerinnen verströmten jede Menge Energie, die mich selbst dann noch mitzog, wenn ich von zwei harten Trainingseinheiten pro Tag eigentlich müde war und meine Ruhe hatte haben wollen. Sie freuten sich an Kleinigkeiten wie einem Kartenspiel oder einem Tischtennismatch, denn es war ja ein Kartenspiel oder Tischtennismatch bei der Europameisterschaft. Und wenn unsere Team-DJane Linda Dallmann in der Umkleide oder im Gemeinschaftsraum auflegte, sangen alle lauthals mit. Außer ich, weil ich von den meisten Liedern die Texte nicht kannte.

Die Atmosphäre im Team war immer gut. Deshalb hatte ich mich so sehr darauf gefreut, zur Mannschaft zu stoßen. Eine Woche vor dem EM-Start Anfang Juli war die Stimmung aber ganz besonders – und auch deshalb war es mir so wichtig gewesen, auf jeden Fall gleich nach dem Gotham-Spiel nach Deutschland zu kommen. Die Stimmung hatte nämlich einen Grund. Eine Mail war herumgegangen, die einen Karaoke-Abend ankündigte: »Überlegt euch schon mal, was ihr singen wollt und ob ihr das solo, im Duett oder als Gruppe machen wollt«, hieß es da, und dass wir uns schon mal einsingen sollten. Kurz darauf fuhren Lkw vor und vier oder fünf Leute waren den Nachmittag über damit beschäftigt, ein Mischpult aufzubauen, Sofas hinzustellen und Mikrofone zu verkabeln. *Die übertreiben wirklich übelst,* dachte ich – dabei wusste ich ja, dass es keine normale Karaoke-Nacht werden würde. Wir Spielerinnen hatten für unsere Crew und für Nationaltrainer Christian Wück eine Überraschung organisiert. Nicht ganz uneigennützig allerdings, denn wer den Liederabend anstelle einer Karaoke-Maschine eröffnen sollte, war jemand, den Linda oft spielte, den alle im Team mochten und zu dessen Songs sogar ich die Texte auswendig kannte: Wolfgang Petry, der Mann, dessen Musik mir als Kind im Kassettendeck meines Vaters noch auf die Nerven gegangen war und der mich jetzt, wo er auf die Hotelterrasse marschierte – im Karohemd, mit Zottelhaar, aber ohne seine legendären Freundschaftsbändchen am Handgelenk –, so sehr an die Zeit mit meinem Papa erinnerte, dass es ganz warm in meinem Brustkorb wurde – und ich ein bisschen sentimental.

Seit 25 Jahren war Wolfgang Petry nicht aufgetreten, jetzt durften wir mit ihm unsere EM-Hymne schmettern: *Verlieben, verloren, vergessen, verzeih'n.* Okay, vielleicht nicht das beste Motto für ein EM-Turnier, aber wir sangen alle mit Inbrunst, standen als schwarz gekleideter Chor mit DFB-Logo auf der Brust im Kreis um den mittlerweile ergrauten Petry, klatschten und feierten, dass wir diesen Moment, diese EM, zusammen erleben durften.

Drei Stunden lang dauerte der Auftritt, den wir, mit kleinen Pausen, durchtanzten. Es war gigantisch, ein magisches Gefühl. Die pure Freude war sichtbar, bei jeder einzelnen Spielerin – und auch bei Coach Wück, einem großen Wolfgang-Petry-Fan. Während dessen Auftritt schien sich Christian zum ersten Mal seit der Ankunft in der Schweiz zu entspannen, er lachte befreit und seine gesamte Körperhaltung veränderte sich. Ich war froh, dass ich das Herumgefliege in Kauf genommen hatte und diesen Abend miterleben durfte. Froh, dass es bald losgehen würde – und dass bei unserem ersten Spiel Mama, Opa und meine Tante im Publikum sitzen würden. Einen Tag vor dem 92. Geburtstag meines Großvaters, der lange nur Oma bei den Spielen abgesetzt, selbst aber keines gesehen hatte. Das erste Mal war er bei meinem Spiel mit der Nationalmannschaft in Hoffenheim mit im Stadion gewesen, im Oktober 2023. Dass er jetzt vor Ort in der Schweiz sein würde, freute mich unglaublich und auch, dass die Initiative dazu von meiner Tante ausgegangen war. Die hatte bestimmt: »Das sind nur eineinhalb Stunden Fahrt. Da müssen wir auf jeden Fall hin.« Nie hätte ich erwartet, dass Opa zum ersten Spiel kommt, und auch nicht, dass meine Tante sich so dahinterklemmen würde, um vor Ort zu sein. Sie war noch nie im Stadion dabei gewesen. Entsprechend hatte sie meine Mutter vorher schon zweimal aufgeregt angerufen und mit Fragen bombardiert: Ob es im Stadion einen Dresscode gebe und man ein Trikot anziehen müsse. Ob man was zu essen und zu trinken mitbringen solle. Wie das Wetter werden würde und ob es etwas gebe, das man nicht mit reinnehmen dürfe. Ich liebte das, denn es zeigte mir, dass jeder, der es möchte, ins Stadion kommen und eine gute Zeit haben kann. Dass jeder willkommen ist, auch derjenige, für den der Sport nicht alles ist – und zu denen ich mich nach wie vor ebenfalls zähle. Fußball ist nur Fußball. Er ist nicht alles, aber definitiv etwas Wunderbares.

Besonders in Momenten wie diesem, vor dem ersten Spiel der Europameisterschaft 2025, wo meine Familie bei mir war und ich mich in meinem Team so aufgehoben fühlte, dass ein Gewinn vom unbedingten Muss fast schon zur sprichwörtlichen Kirsche auf der Sahnehaube wurde. Und wo ich so unbedingt das Beste für meine Mannschaft geben wollte, dass der Bundestrainer behauptete, ich sorge mit meinen Aktionen dafür, dass er »nicht alt werde«. Dabei hatte ich doch alles unter Kontrolle. Echt!

KAPITEL 32

VOM TAL ZUM GIPFEL UND ZURÜCK

Die EM in der Schweiz war vorbei. Gerade hatte ich noch im Stadion gesessen, die Kapuze meines Hoodies tief ins Gesicht gezogen und Jess im Finale zugesehen. England hatte gewonnen, Jess war Europameisterin und mein Herz quoll über vor Stolz und Liebe für sie. Aber da war auch eine gewisse Erschöpfung in mir. Die vergangenen Wochen waren ein wilder Mix aus Hochs und Tiefs gewesen. Es war weniger eine emotionale Achterbahn als ein Freefall-Tower der Gefühle.

Es gab so viele Höhen und Tiefen in so kurzer Zeit, dass ich noch eine ganze Weile brauchen würde, um das Erlebte zu verarbeiten. Dass sich schon im ersten Spiel gegen Polen unsere Kapitänin Giulia Gwinn verletzte und nicht mehr spielen konnte, war Mist. Es zwang uns, bereits nach wenigen Minuten unsere Pläne umzuwerfen und uns neu zu organisieren. Das Spiel als solches bekamen wir aber dennoch unauffällig über die Bühne. Es war ein typisches erstes Turnierspiel. Die sind wie Pfannkuchen, der erste wird immer ein bisschen anders: unrunder, aber genießbar. Uns war klar, dass wir nicht wirklich überzeugt hatten, dass es besser ging. Allerdings konnten wir es an nichts so richtig festmachen, warum unsere Chancenverwertung nicht so gut war wie in den Nations-League-Spielen gegen Österreich und Holland. Waren wir verwöhnt? Immerhin: Ein 2:0 war solide, die *Sportschau* attestierte mir sogar ein »starkes Spiel«.

Dieses Wohlwollen sollte mit dem zweiten Vorrundenspiel gegen Dänemark anfangen zu kippen. Wir retteten uns 2:1 über das Match. Aber schon da wurde meine Art zu spielen kritisch beleuchtet: »Wegen riskanter Dribblings – Torfrau Berger muss bei Wück zum Rapport«, schrieb das ZDF und fragte, wie lange das wohl noch gut ginge. »Kritik an DFB-Torhüterin – Berger riskant, Wück klar«, hieß es beim Redaktionsnetzwerk Deutschland. Nachdem ich mir einige Szenen auf Video angesehen hatte, konnte ich nachvollziehen, dass sie riskant gewirkt haben mochten. Für mich hatten sie sich aber zu keinem Zeitpunkt fahrlässig oder unüberlegt angefühlt. Das war einfach meine Art zu spielen – und derartige Drucksituationen übte ich im Training regelmäßig. Ich fühlte mich zu jeder Zeit im Spiel gegen Dänemark sicher. Immerhin hatte ich da noch das Argument auf meiner Seite, dass wir bisher beide Spiele gewonnen hatten. Nach der krachenden 4:1-Niederlage gegen Schweden hatte sich auch das erledigt – mit entsprechendem Echo: »Retterin oder Risikofaktor«, schrieben die Sportjournalisten oder auch »Diese Kritik schlägt Wellen«. Auf Social Media stapelten sich wütende Kommentare und Forderungen, mich aus dem Tor zu nehmen. In leichterer Ausprägung kannte ich das schon, weshalb ich meine Instagram-App vorsorglich gleich zu Beginn der EM vom Handy gelöscht hatte. Nachrichten und Artikel über mich mied ich. Obwohl ich viel wegstecken und berechtigte Kritik auch annehmen kann, war nicht auszuschließen, dass sich ein Kommentar, eine Schlagzeile, doch in meinem Kopf verhakt und mich blockiert. Dem Raunen und der stetig rauer werdenden Kritik im realen Leben aus dem Weg zu gehen, war dagegen kaum möglich. Als ich mit meiner Familie durch Zürich spazierte, auf der Suche nach einem Café, riefen mir ein paar Leute Dinge zu wie »Wir sind Team Stina« (unsere zweite Torhüterin) – oder auch Rüderes.

Auf der Straße und persönlich angegangen zu werden, in einer privaten Situation, war neu für mich, und ich tat mich schwer, damit umzugehen.

Zum ersten Mal musste ich wirklich darum kämpfen, die Kritik so weit von mir wegzuhalten, dass sie mich auf dem Platz nicht behinderte. Das war eine Herausforderung, denn sie betraf nicht nur mich. Auch meine Schwester Kerstin, die sehr intensiv fühlt, und meine Mutter litten unter der Situation. Beide mieden schon sehr bald sämtliche Nachrichtenkanäle, meine Mutter musste nach der roten Karte im Frankreich-Spiel den Fernseher ausschalten, weil sie vor Sorge darum, was deshalb über uns verbreitet werden würde, nicht länger zusehen konnte.

Nach dem Zusammentreffen mit Schweden kam ich das erste Mal seit Langem ins Schlingern. Ich hatte Selbstzweifel: War ich noch gut genug für meinen Standard? War ich fit und behände genug oder müsste ich schneller reagieren, besser antizipieren, die Bewegungsabläufe routinierter abspulen? Es war Leanne, die mich aus diesem Kopfkarussell herausholte. Wie immer, wenn ich merke, dass ich mich in etwas verrenne, rief ich sie auch diesmal an. Und wie immer setzte sie mich schnell zurück aufs Gleis. »Ich glaube, da sind gerade ziemlich viele Emotionen in dir«, stellte sie fest und fragte, wie viel von dem, was ich als unzureichend wahrnahm, denn wirklich belegbar war und wie viel davon reine Hirngespinste und Störgefühle waren. Mit ihrem Pragmatismus und ihrer Leichtigkeit brachte sie mich zurück ins rationale Denken, und bei der Pressekonferenz vor dem Viertelfinale gegen Frankreich war ich tatsächlich wieder mein entspanntes Ich. Hier hatte ich die Möglichkeit, direkt auf Kritik einzugehen, konnte meinen Standpunkt klarmachen – und irgendwann ging es ohnehin gar nicht mehr nur um Fußball: Es war aufgefallen, dass mein Opa beim Auftaktspiel im Stadion gewesen war. Das war anscheinend ein paar Mediennachfragen wert, also zog ich mit: »Meine Motivation ist, dass er zum Finale kommt«, erklärte ich mit einem Augenzwinkern. »Er hat gesagt, Viertelfinale, Halbfinale lohnt sich nicht. Von daher habe ich meine ganz eigene Motivation, ihn stolz zu machen.«

Diese Aussage verbreitete sich rasend schnell über Online-Portale, Zeitungen, Nachrichtensendungen und in den sozialen Medien. Mein Opa wurde über Nacht zu einer kleinen Berühmtheit.

Ähnlich schnell katapultierte es mich nach dem Viertelfinale gegen Frankreich zurück in die Gunst der Fans und Medien. Dabei hatte das Match denkbar ungünstig für uns angefangen: Gleich zu Beginn bekam Kathrin Hendrich eine rote Karte gegen die Französin Griedge Mbock. Wir waren nur noch zu zehnt, wieder mussten wir umstrukturieren, uns fehlte die Rechtsaußen. Aber es half ja nichts. Verlieren will niemand, und SO verlieren wollten wir auf keinen Fall. An diesem Samstagabend wuchsen wir als Team über uns hinaus – und ich durfte meinen Teil zum Halbfinaleinzug beitragen: mit einer spektakulären Parade und zwei gehaltenen Elfmetern. Damit wurde ich flächendeckend zum Gesprächsthema. Sportportale, Tageszeitungen, sogar die *Gala* berichteten über mich. Meine Parade, bei der ich lang ausgestreckt und leicht nach hinten springend den Ball abgewehrt hatte, ging als Meme viral. Meine Teamkolleginnen machten sich einen Spaß daraus, in unserem Chat immer neue Bildchen zu posten, die sie im Netz fanden. Zum Beispiel wie ich in dieser Position im Bett liegend nach dem Lichtschalter lange. Da waren witzige Ideen dabei.

Dass Menschen wie Oliver Kahn, die wirklich Ahnung vom Sport und dem Torhüterberuf haben, meine Leistung lobten, freute mich sehr. Wie heftig ich nach dem Spiel aber hochgejubelt wurde, fast schon katapultartig vom Risikofaktor zur Tortitanin befördert wurde, war mir ein bisschen zu viel Personenkult. Ich wollte nicht, dass die Aufmerksamkeit nur auf mir lag. Ohne Team kein Torwart. Und ohne Fans keine Stimmung. Weil ich nach dem Frankreichspiel gleich für Interviews gebraucht worden war, hatte ich kaum Zeit gehabt, den Erfolg mit meiner Familie zu feiern – meine Schwester, mein Schwager, meine Cousine, meine Nichten und Neffen waren vor Ort gewesen. Nun, im Halbfinale gegen Spanien, war es mir umso wichtiger, meine Lieben um mich zu haben. Meine Mutter hatte bereits versprochen, zu kommen, nachdem sie wegen einer Augen-OP das Viertelfinale verpasst hatte. Außerdem gelang es mir, auch meinen Opa davon zu überzeugen, doch schon jetzt wieder im Stadion zu erscheinen: »Spanien ist amtierender Weltmeister, das ist wie ein Finale«, erklärte ich ihm – und er ließ sich breitschlagen. Er zog sich sogar das Trikot mit der 92 auf der Brust an. Das hatte ich ihm zum Geburtstag, für den ich nach dem Spiel gegen Polen extra die knapp zwei Stunden von Zürich zu ihm nach Riedlingen gefahren war, geschenkt.

Was Opa nicht geahnt hatte, war, wie viele Leute ihn inzwischen kannten. Als er vor dem Stadion aus dem Auto stieg, sprachen ihn bereits die ersten an. Sie hatten wohl wegen des Göppinger Nummernschilds geschlussfolgert, dass er es sein musste. Als er über den Parkplatz zum Stadion lief, die Jacke zugezogen, musste er mehrfach stehen bleiben, weil Leute ihn erkannten und ein Foto mit ihm machen wollten. Erwachsene, aber auch Kinder. Kleine Fans, die sich neben meinem Opa aufbauten, der bereitwillig sein Trikot freilegte und mit ihnen in die Handykameras grinste.

Als er schließlich auf der Angehörigentribüne ankam, nahm ihn unsere Pressesprecherin in Empfang und warnte ihn vor, dass ihn in Deutschland richtig viel Menschen kennen und viele Kameras auf ihn gerichtet sein würden: »Wenn Sie irgend etwas brauchen, sagen Sie Bescheid«, meinte sie. Eine Vertreterin der UEFA nahm ihm das Versprechen ab, nicht mit Reportern zu reden. Warum, das vergaß er in all dem Trubel zu fragen. Trotzdem kursierten nach diesem Spiel jede Menge Bilder und Posts über ihn im Internet – und ich glaube, ein kleines bisschen genoss er diese Aufmerksamkeit.

Wir verloren das Halbfinale gegen Spanien 1:0 durch eine Torwartecke, die auf meine Kappe ging. Trotzdem bekam danach nicht ich die geballte Enttäuschung der Fans ab, sondern Sydney Lohmann, die den Ball verloren hatte. Auch meine Verlobte Jess zog sich wegen rassistischer Beleidigungen während der EM von Instagram zurück, hatte im Finale zum ersten Mal Angst, auf den Platz zu treten und verzichtete auch auf die Meisterfeier am Buckingham Palace.

Solcher Hass macht mich traurig, ich nehme es persönlich, wenn so etwas gegen meine Mannschaft oder gegen Menschen geht, die mir etwas bedeuten. Ja, es gab Schattenseiten bei dieser Europameisterschaft, wir haben Fehler gemacht. Aber aus Fehlern lernt man – und es ist immer noch nur Fußball. Wir wollen spielen. Das machen wir mal gut und mal weniger gut. Ob wir gewinnen oder verlieren, macht keinen Unterschied im großen Weltgefüge. Wenn wir Mist bauen, darf man das gern kritisieren. Ein gewisser Respekt vor den Menschen, die in den Trikots mit dem Nationaladler stecken, sollte aber immer gewahrt bleiben. Wolfgang Petry hat in unserem Team-Song hinter das »Verlieren« die Worte »Vergessen« und »Verzeihen« gesetzt. Ich finde, das sollten wir uns viel öfter zu Herzen nehmen.

KAPITEL 33

MEIN PERSÖNLICHES FINALE

Mittlerweile ist auch die Fußball-Saison in den USA zu Ende gegangen. Meine zweite, von der ich nicht gedacht hätte, dass ich sie spielen würde, weil das Heimweh zu groß werden könnte. Nun läuft mein Vertrag mit dem Gotham FC sogar bis 2026. Und ich würde mir wünschen, dass ich noch als Torhüterin arbeiten kann, wenn ich 40 bin. Aber daraus wird vermutlich nichts, dafür bin ich zu ehrgeizig. Wenn ich merke, dass ich nicht mehr so abliefern kann, wie ich es für angemessen halte, möchte ich niemandem den Platz im Tor wegnehmen, der es vielleicht besser kann, weil der Körper jünger ist und er die Strapazen besser wegsteckt.

Was in den nächsten zwei, drei Jahren sein wird, darüber habe ich mir trotzdem noch keine Gedanken gemacht. Ich möchte im Moment bleiben und wahrnehmen, was jetzt ist. Denn das ist gut. Es ist besser, als ich es je für möglich gehalten hätte. Aus dem kleinen Mädchen mit dem Marienkäferball in der Terrassentür ist eine Frau geworden, die davon leben kann, im Tor zu stehen. Von der internationalen Quereinsteigerin habe ich es zur Nummer eins im Tor der deutschen Frauen-Fußballnationalmannschaft gebracht. Das war weder absehbar noch ein gerader Durchmarsch, sondern mit viel Arbeit, Geduld, Überwindung und Lernwillen verbunden. Über die Jahre habe ich einen Stil im Tor entwickelt, der mir entspricht. Oft bin ich dafür kritisiert worden: zu riskant, zu unkontrolliert, zu nervös. Zuletzt bei der Europameisterschaft in der Schweiz. Mag sein, dass das von außen so wirkt. Sehe ich Aufnahmen mancher meiner Aktionen, kann ich manchmal nachvollziehen, dass man sie so interpretieren könnte. Ich aber fühle mich in dem, was ich tue, wohl und sicher. Der Mast auf dem Meditationsschiff ist auch nicht immer trocken geblieben oder starr. Er hat Wellen abbekommen, hat geschwankt und manchmal hat das Holz geknirscht und geächzt. Aber er ist im Unwetter nicht umgefallen, und das ist auch mein Plan. Egal wie es von außen aussehen mag, das, was ich zeige, ist meine Art, zu spielen, mein Weg, den 16er, mein Reich, sauber zu halten und den Wellen zu trotzen. Ich tue das gewissenhaft und mit der besten Intention. Weil ich weiß, dass es hier nicht um mich geht – auch wenn mir mitunter vorgeworfen wird, ich würde mit spektakulären Aktionen nach Jubel heischen. Das stimmt nicht.

Wenn ich in einem Moment kritisiert und im anderen zur »Titanin«, zur »besten Torhüterin der Welt« hochgejazzt werde, dann weiß ich, dass das alles nur bis zum nächsten Spiel hält, dass immer das nächste Match das entscheidende ist. Und das liebe ich.

Aber vielleicht erlebe ich gerade alles intensiver, weil ich weiß, dass es wahrscheinlich bald zu Ende ist. Und wenn es zu Ende ist, hoffe ich, dass sich etwas findet, das mich weiter mit dem Fußball verbindet. Damit das Band zu meinem Vater nicht abreißt, auch wenn ich nicht mehr im Tor stehe, sondern vielleicht nur noch am Spielfeldrand: Gerade versuche ich, meinen Trainerschein fertig zu machen, damit ich später als Torwarttrainerin arbeiten kann. Ich liebe diesen Sport einfach zu sehr, um ihn als Beruf und Lebensmittelpunkt zu verlieren. Über die Jahre habe ich entdeckt, dass ich es toll finde, mich in jedes Detail, das eine Torhüterin wissen und können muss, hineinzufuchsen. Ich durfte von vielen großartigen Menschen so viel lernen, und das möchte ich weitergeben. Leanne, meine Trainerin in Birmingham, hat einen großen Anteil daran, dass ich heute so denke. Sie hat mich nicht nur zu einer besseren Torhüterin gemacht, sondern zu einem besseren Menschen im Tor. Denn darauf kommt es an: menschlich zu bleiben, auch wenn die Erwartungen von außen hoch sind. Emotionen wahrzunehmen und zuzulassen, wo andere versuchen, stumpf zu funktionieren oder etwas zu erzwingen. Ich habe durch meine Schwester Kerstin früh gelernt, Emotionen zu erkennen und mich zu ihnen zu verhalten. Durch ihre Höreinschränkung waren ihre anderen Sinne geschärft, ihre Gefühle schienen viel näher an der Oberfläche zu liegen als bei allen anderen Menschen, die ich kannte. Die heruntergezogenen Augenbrauen und die bebenden Nasenflügel, wenn sie wütend war. Das vorgereckte Kinn und der zum Strich geschrumpfte Mund, wenn sie gegen unsere Eltern trotzte. Die Lachfältchen an den Augen, die sich wie Sonnenstrahlen über ihr Gesicht ausbreiteten, wenn sie sich freute. Dass ich solche Signale bei meinem Gegenüber erkenne und entsprechend reagiere, passiert noch heute automatisch in jedem Gespräch, bei jeder Interaktion. Sogar beim Bezahlen an der Supermarktkasse merke ich ganz instinktiv, ob die Mitarbeiterin schlechte Laune hat, und versuche, dann besonders freundlich zu sein. Es passiert auch im Sport: In der Kabine vor einem Training oder einem Spiel erkenne ich, wer gerade wie drauf ist, wer Ruhe braucht, wer aufgestachelt werden will; und im Spiel kann ich für Mikrosekundenbruchteile aufblitzen sehen, ob die Spielerin, die sich mir mit dem Ball am Fuß nähert, gehetzt, (zu) selbstsicher oder einfach nur komplett im Tunnel ist.

Ich kenne Druck, ich kann gut damit umgehen. Aber ich habe auch erfahren dürfen, wie viel besser er sich aushalten lässt, wenn da jemand ist, der einem vermittelt, dass man noch immer ein Mensch ist und als solcher wahrgenommen wird. Dass es kein Richtig oder Falsch gibt, sondern nur ein »das hat geklappt und das nicht«, und dass es okay ist, etwas auszuprobieren. Dass es nicht schlimm ist, auch mal einen Fehler zu machen. Das möchte ich weitergeben, wenn ich mal nicht mehr aktiv spiele. Ich möchte meinen Nichten und Neffen, die sich so wie ich für Fußball begeistern, bei ihren Spielen zusehen, sie unterstützen und mit ihnen fachsimpeln, ohne ihnen das Gefühl zu geben, dass Fußball alles ist. Fußball ist Fußball. Nicht mehr und nicht weniger.

Außerdem will ich, wenn ich nicht mehr aktiv spiele, weiter an meinen Küchenfertigkeiten feilen und vielleicht sogar meine Tante im Apfelkuchenbacken übertrumpfen. Ich will mehr fotografieren, denn ich finde es faszinierend, wie unterschiedlich das menschliche Auge und die Kameralinse die gleiche Szenerie sehen – und ich möchte all die Orte, die ich dank meines Berufs kennenlerne, festhalten und meinen Lieben zeigen. Ich möchte angeln und Dutzende Sonnenuntergänge anschauen, weil mich Wasser und Licht beruhigen.

Und wenn ich nach meinem Rücktritt genug Zeit zu Hause verbracht habe, um mich zu langweilen, dann möchte ich auch wieder reisen. Dieses Zuhause, das wird ganz bestimmt Europa sein, am besten Deutschland. Denn auch wenn mir die USA guttun, fehlt mir meine Familie hier doch sehr. Ich möchte sie wieder in meiner Nähe haben und maximal einen Tag brauchen, um bei Mama, Opa, meinen Schwestern, Nichten und Neffen zu sein. Weil Familie im Zweifel wichtiger ist als Fußball.

Aber bis es so weit ist, wünsche ich mir, noch ein Weilchen das kleine Mädchen sein zu dürfen, das auf den Bolzplatz geht und mit seinen Mädels Fußball spielt. Vielleicht stehen inzwischen ein paar mehr Kameras und Zuschauer um diesen Bolzplatz herum, aber im Endeffekt fühlt es sich für mich ganz oft noch genauso an wie vor 30 Jahren in Eislingen. Ich bin stolz darauf, dass ich es dorthin geschafft habe, wo ich jetzt bin, weil ich es mir erarbeitet habe. Ich bin einen anderen Weg gegangen, aber ich habe trotzdem mein Ziel erreicht.

Ach ja: Wenn ich mir noch etwas wünschen darf, dann bitte Fußballshorts mit Taschen. Damit ich endlich was habe, wo ich meine Hände hintun kann, wenn ich auf einen Elfmeter warte.

KAPITEL 34

MEINE SECHS MINDSET-REGELN

Über die Jahre habe ich viel über mich gelernt, durch den Sport, aber auch durch mein privates und berufliches Umfeld. Ich habe mich gefragt, wer ich sein und wie ich mich verhalten will. All das hat mich zu der Person gemacht, die ich bin. Ich ruhe in mir, und das liegt unter anderem an folgenden Erkenntnissen:

KURZ INNEHALTEN

Es bringt nichts, sich verrückt zu machen. Gefühle aus- und Verstand einschalten ist oft der erste Schritt zur Lösung. Jemanden anzuschreien, ist keine konstruktive Art, Informationen zu vermitteln.

DIE PERSPEKTIVE WECHSELN

Wenn etwas schiefläuft oder der Druck steigt, frage ich mich: Wie würde ich das Ganze sehen, wenn es meiner Schwester passiert wäre – oder einer Teamkollegin? Was würde ich an ihrer Stelle tun? Wie würde ich mich ihr gegenüber verhalten? Diese kleine Verschiebung verändert oft viel. Sie hilft, die Emotionen unter Kontrolle zu bringen, produktiv zu denken, verschiedene Wege und mögliche Hindernisse zu sehen, wie ich zum gewünschten Resultat komme.

DIE DINGE NICHT SO WICHTIG NEHMEN

Ein Fehler ist kein Weltuntergang. Man darf lernen, drüberzustehen. Man darf sogar darüber lachen. Auf dem Platz wie im Leben hilft es, sich selbst nicht zu sehr unter Druck zu setzen. Spiele sind dafür da, um Fehler zu machen. Das Automatische, das man im Training übt, ist das eine. Aber es sind Situationen, die man nicht kennt, die einen ans Limit bringen, aus denen man lernt, wann es zu viel ist. Aufrappeln, analysieren, weitermachen.

SPASS HABEN

Ich spiele Fußball, weil ich ihn liebe. Klar will ich gewinnen – aber ohne Freude fehlt etwas. Wenn ich merke, dass es zu verkopft wird, erinnere ich mich: Es darf leicht sein. Ich darf Spaß haben. Das macht den Kopf frei.

WERTSCHÄTZEN, WAS MAN HAT

Es ist nicht selbstverständlich, dass man Menschen hat, denen man etwas bedeutet. Das dürfen ruhig wenige sein, um die man sich intensiv kümmert. Die einem helfen und denen man hilft. Zu viele Freunde können zu Stress werden, weil man es nicht schafft, sich zu melden, oder von allen ein bisschen weiß, was im Leben los ist, aber nicht richtig. Das wabert dann im Kopf herum und kann blockieren.

SICH TREU BLEIBEN

Finde heraus, wer und wie du sein möchtest, und lass dich nicht von anderen verändern. Wenn du zufrieden mit dir bist, damit, was für eine Person oder was für ein Spielertyp du bist, kann dir das keiner nehmen. Du musst nicht anderen gefallen, sondern dir.